타인과 일을 한다는 것

CEO의 서재 · 47

타인과 일을 한다는 것

서로 이해하지 못함을 인정하는 것부터
시작하는 조직론

우다가와 모토카즈 지음 | 김정환 옮김

센시오

왜 올바른 지식은
실천하기 어려운가?

나는 경영 전략론과 조직론을 전문적으로 연구하는 경영학 연구자다. '어떤 조직이 새로운 사업을 시작할 수 있는가?'라는 주제를 연구하고 있다.

내가 경영과 조직, 그리고 이 책의 주제인 **대화**(dialogue)에 관심을 갖게 된 계기 중 하나는 바로 아버지다. 영세 기업의 경영자였던 내 아버지는 버블기 당시 은행의 부추김에 넘어가 주식 거래를 시작했다. 그 결과 엄청난 부채를 짊어지게 되었고, 아버지가 암으로 세상을 떠나신 뒤 당시 대학원생이었던 나를 비롯한 가족들은 아버지가 남긴 '버블기의 유산'을 처리하느라 죽을 고생을 했다. 우리는 그 막대한 빚을 갚느라 희망이라고는 보이지 않는 지옥 같은 나날을 보낸 끝에 간

신히 그 문제를 극복할 수 있었으며, 현재 나는 이렇게 대학교에서 연구자로 살아가고 있다.

과학적으로 '올바른 답'을 내는 연구는 굉장히 훌륭하며, 감명 깊은 것도 많다. 다만 내가 과거에 경험했던 생생한 현실에 대입해 보면 '과연 이게 맞는 걸까?'라는 의문이 줄곧 들었었다. 그리고 왜 그런 의문이 느껴지는지 이유를 찾던 나는 어느 날 마침내 하나의 결론에 도달했다.

그 결론은 **지식으로서 올바른 것과 실천 사이에는 커다란 괴리가 있다**는 것이다. 우리 주변을 조금만 주의 깊게 둘러봐도 그런 실천하기 어려운 문제가 무수히 많음을 깨닫게 된다.

최근 들어 강연을 할 일이 많았는데, 강연이 끝난 뒤의 질의응답 시간에 "오늘 강연해 주신 내용은 정말 훌륭했습니다만, 그걸 실천하기가 참 어렵습니다. 제 상사는 이해력이 부족하거든요(그 밖에도 부하에게 위기감이 부족하다, 회사가 낡은 체질이다, 업계가 폐쇄적이다 등 다양한 변형이 있다). 지금까지 말씀해주신 것을 어떡해야 실천할 수 있을까요?"라는 질문을 자주 받는다.

이 '어떡해야 실천할 수 있을까?'라는 질문의 의미에는 두 가지 방향성이 있다. 첫째는 '실천해 보고 싶지만 어떻게 시작해야 할지 모르겠다.'라는 의미다. 이 경우는 실제로 그 문제에 대해 자신의 생각을 수정하면서 실천해 보고 싶다, 무엇인가를 실천해 보고 싶은 마음이 있다고 볼 수 있을 것이다. 다만 실제로는 또 다른 의미로 그 질문을 한 경우가 대부분이다. 그것은 '실패하지 않고 순조롭게 진행할 방법, 즉 정답을 알고 싶다.'라는 의미다. 그 문제에 대한 접근법은 바꾸고 싶지 않으니 상대를 내 접근법에 맞추게 해서 무탈하게 일을 진행하고 싶은 것이다.

결론부터 말하겠다. 그런 '간단한 방법' 같은 것은 존재하지 않는다. 아니, 정확히 말하면 그런 '간단한 문제'는 이제 거의 남아 있지 않다. 그런 문제는 대부분의 경우 머리 좋은 누군가가 이미 해결한 상태다.

지금은 어떤 곤란한 문제에 부딪혔을 때 스마트폰으로 검색하면 수많은 노하우를 발견할 수 있다. 서점의 비즈니스 서적 코너에는 수많은 비즈니스 서적, 실용서가 진열되어 있다. 이야기를 하는 기술, 이야기를 듣는 기술, 메시지를 전하는 기술, 교섭하는 기술, 리더십론, 조직론, 팀론 등등……. 우리의 눈앞에는 수많은 '무기'가 있으며, 저술과 전략이 있다. 그리고 이런 무기를 사용해 문제들을 해결해 나가다 보면 조직의 벽이나 정치, 문화, 관습 등이 복잡하게 얽힌 '간단하지 않은 문제'만이 남게 된다.

하버드 케네디 스쿨에서 25년 동안 리더십론을 가르쳤고 '가장 영향력이 큰 수업'에 지속적으로 선정되었으며 IBM, 마이크로소프트,

맥킨지, 세계은행 등의 고문도 맡고 있는 로널드 하이페츠는 기존의 방법으로 해결할 수 있는 문제를 '**기술적 문제**'(technical problem), 기존의 방법을 사용해서 일방적으로 해결할 수 없는 복잡하고 어려운 문제를 '**적응 과제**'(adaptive challenge)로 정의했다. 가령 우리는 목이 마르면 물을 마심으로써 그 문제를 해결한다. 이것은 기술적 문제라고 말할 수 있다. 분명히 이런 문제는 지식의 양이 증가하면 대처가 가능해진다. 예컨대 직장에서 개개인이 보유한 데이터를 공유해야 하는 상황일 경우, 이 문제는 클라우드상에 데이터를 보존하는 서비스가 존재함을 알면 해결이 가능하다.

반면에 적응 과제는 다른 부서에 협력을 요청했는데 협력해 주지 않는 경우처럼 이렇다 할 해결책을 찾을 수가 없는 문제다. 가령 회의에서 데이터 공유를 위해 클라우드 서비스를 도입하자고 제안했는데 "이런 리스크가 있기 때문에 클라우드 서비스의 도입에는 찬성할 수 없습니다." 같은 반대에 부딪혔다고 가정하자. 그래서 그것이 충분히 회피 가능한 리스크임을 논리적으로 설명하니 또 다른 이유를 들며 반대한다면 그것은 명백한 '적응 과제'다. 표면적인 반대 이유의 배후에 말로 표현하지 않은 다른 이유가 있다고 생각할 수 있기 때문이다. 이를테면 '공유한 정보를 기반으로 누군가가 제멋대로 일을 진행해 버리면 문제가 발생했을 때 대처하기가 번거로워진다.'라든가 '내가 가진 데

IIIII 기술적 문제와 적응과제 IIIII

적응 과제
관계성 속에서 발생하는 문제

기술적 문제
기존의 지식·방법으로 해결할 수 있는 문제

이터를 공유하면 나의 우위성이 사라져 버린다.' 등 상대가 어떤 손해를 볼 것으로 예상될 경우다. 이 경우, 단순히 "이렇게 하는 것이 더 합리적입니다."라고 주장해서는 문제를 해결할 수 없다. 그 변화가 불러올 결과에 대한 두려움을 상대가 극복할 수 있도록 돕지 않으면 상황은 진전되지 않는다.

지식과 기술이 넘쳐나는 세상이기에 기술적 문제는 다소간의 자원만 있으면 대부분 어떻게든 해결할 수 있다. 다시 말해, 우리 사회가 안고 있는 아직 해결되지 않은 문제들은 대부분 '적응 과제'다. 보이지 않는 문제, 마주하기가 어려운 문제, 기술을 사용해서 일방적으로 해결

왜 올바른 지식은 실천하기 어려운가?　　　　　　　　　　**009**

할 수 없는 문제인 '적응 과제'를 어떻게 해결할 것인가? 그 방법이 바로 이 책에서 전하려 하는 **대화**다.

'대화'라는 말을 듣고 '둥글게 둘러앉혀 놓고 이야기를 시키는 그거 말이야?'라며 의심스러운 표정을 지은 사람도 많을 것이다. 그러나 이 책에서 말하는 대화는 얼굴을 마주하고 지긋이 이야기를 나누는 것이 아니다.

한마디로 표현하면 **새로운 관계성을 구축하는 것**이다.

그리고 새로운 관계성을 구축한다는 것은 덮어놓고 서로를 이해하자는 의미가 아니다. 가령 앞에서 나온 클라우드 서비스의 도입을 제안하는 경우를 예로 들면, 제안을 거부당해 화가 났을 때는 '상대가 나의 제안을 받아들이게 만들자.'라는 관계성이었다. 그러나 상대의 논리에도 나름대로 일리가 있으니 그 상대의 상황 속에서 의미 있는 제안으로 만들자고 생각할 수 있게 된다면 그때 비로소 관계성의 변화가 시작된다.

이처럼 새로운 관계성을 제대로 구축하는 것은 조금 손이 많이 가는 일이다.

이 책의 부제에는 '조직론'이라는 말이 붙어 있다. 조직론이라고 하면 보통은 조직 형태나 매니지먼트 수법, 조직원의 의욕 등을 주제로 삼는 이론으로 생각될 것이다. 그러나 이 책의 주제는 조직 속에서 관계성을 만들거나 바꿔 나가기 위한 '대화의 실천'이다. 어째서 이것이 조직론일까? 그 이유는 **조직이란 근본적으로 '관계성'이기 때문이다.** 우리는 조직이 물질로서 존재한다고 생각한다. 그러나 당신이 일하고 있는 회사를 생각해 보길 바란다. 그곳에는 사람이 있고 건물이 있지만, 조직이라는 물질을 본 사람은 아무도 없다. 사실 조직은 물질로서 존재하지 않는 것이다. 그럼에도 우리는 그 조직을 위해 매일 출근하고 회의를 한다. 요컨대 조직의 실체는 사실 우리를 움직이는 관계성 그 자체다. 그렇기에 관계성을 만들거나 바꾸기 위한 실천을 주제로 삼은 이 책은 조직의 실체를 만들거나 바꾸는 것에 관한 책, 다시 말해 '조직론'에 관한 책인 것이다

조직에 문제가 있음은 모두가 알고 있다. 그러나 그 문제에 어떻게 대처해야 할지는 알지 못하며, 갈팡질팡하는 사이에 시간만 흘러간다. 이런 경험을 해 본 사람도 적지 않을 터이다. 그리고 언젠가 '놀라운 기술'이니 '뛰어난 누군가'가 그 문제를 처리해 주리라고 기대하며 애써 외면한다. 그러나 그런 '놀라운 기술'이나 '뛰어난 누군가'가 실제로 등장하는 일은 거의 없다. 아무리 지식을 공부한들, 눈에 보이지 않는 문제나 눈에 보임에도 외면하는 문제와 진지하게 마주하지 않는 한은 그 무엇도 달라지지 않는다.

어떻게 해야 우리는 더 나은 조직, 더 나은 사회를 만들 수 있을까?

이 문제를 좀 더 깊게 궁리해 볼 수 있을 터이다.

《서로를 이해하지 못한다는 것부터(わかりあえないことから)》를 쓴 극작가 히라타 오리자는 대화가 잘 성립하지 않는 이유에 대해 서로 상대도 나와 같은 전제에 따라서 이야기한다고 생각하기 때문이라고 갈파했다. 그리고 **서로가 상대를 이해하지 못한다는 사실을 인정하는 것**이야말로 대화에 반드시 필요한 자세라고 말했다. 굉장히 날카로운 지적이다.

최근 들어서 고용의 유연화가 진행되고 있기는 하지만, 비즈니스의 현장에서는 서로가 다른 누군가로 교체할 수 없는 '타인'과 함께 일을 이루어야 한다. 요컨대 서로가 상대를 이해하지 못한다는 사실을 받아들인 상태에서 '지식을 실천'하는 수밖에 없는 것이다.

전 세계에서 혁신적인 기업이 속속 등장하며 정신없이 변화하고 있는 비즈니스의 세계인데 이런 조직의 관계성 속에서 일어나는 번거로운 문제에 일일이 관여할 여유 따위는 없다고 생각하는 사람도 있을지 모른다. 그러나 아직도 연공서열이 존재하는 구태의연한 직장이든, 스타트업의 수평 조직이든, 그런 문제는 반드시 발생한다. 사내에서든 사외에서든 조직의 계층이나 직종과 상관없이 모두가 적응 과제에 직면한다.

1대 1 면담을 거듭해도, 코칭을 배워도, 프레젠테이션 기술을 갈고

닦아도, 조직 개혁을 실시해 봐도, '자신을 이해해 주지 않는 사람들'과의 '서로를 이해하지 못하는 문제'에 직면할 수밖에 없으며, 그 배후에는 적응 과제가 숨어 있다. 그리고 그 관계성 속에서 만들어지는 각종 적응 과제는 시점을 조금 바꾸고 대처법을 궁리한다면 누구나 각자의 위치에서 대처할 수 있다. 권한이 없으면 해결할 수 없는 문제가 아니다.

그 현실적인 열쇠가 바로 대화인 것이다. 이 점을 전하고 싶어서 이 책을 쓰게 되었다.

적응 과제에 도전하는 것은 사회나 회사를 위해서, 타인을 위해서가 아니다. 오히려 일을 하는 가운데 답답함을 느끼거나 무엇인가 개운치 않은 느낌을 받는 사람일수록 자신과 자신의 환경에 중요한 변화를 일으킬 수 있을 것이다. 좀 더 자유롭게 일할 수 있게 될 터이다. 그리고 일단 대화의 가능성을 깨닫는다면 경직되어 가던 조직, 중심축이 보이지 않는 조직 속에 대량의 자원이 파묻혀 있음도 깨닫게 될 것이다.

현실을 기반으로 이상과의 괴리에 도전하려면 타인과 함께 더 나은 성과를 올리며 일해야 한다. 이를 방해하는 것은 무엇이고 가능케 하는 것은 무엇인지, 이 책을 통해서 독자 여러분에게 전하고 싶다.

Contents

제1장 조직의 골치 아픈 문제는 '합리적'으로 일어난다

제2장 조직의 진짜 문제를 해결하기 위한 네 가지 과정

【 실천 1 】

제3장

총론 찬성 · 각론 반대의
골짜기에 도전한다

조직의 골치 아픈 문제는
'합리적'으로 일어난다

프롤로그에서 이야기했듯이, 조직에서 일어나는 문제 중에는 기술이나 노하우를 구사해 일방적으로 해결할 수 없는 것들이 있다. 그리고 그런 쉽게 해결할 수 없는 문제의 대부분이 '적응 과제'다. 그렇다면 어떻게 해야 적응 과제를 해결할 수 있을까? 그 수법이 바로 **대화**다. 이 장에서는 대화가 구체적으로 어떤 것인지 설명하겠다.

대화라고 하면 1대 1 면담과 같이 상사와 부하가 마주 앉아서 진지하게 이야기를 나누는 모습을 떠올리는 사람이 많을 것이다. 대화 모임이나 워크숍을 떠올리고는 '둥글게 둘러앉혀 놓고 이야기를 시키는 그거 말이지?'라며 의심스러운 표정을 짓는 사람도 있을 것이다. 그러나 내가 이 책에서 전하려 하는 '대화'는 커뮤니케이션의 수법이 아니다. 상황에 따라서는 말을 사용하지 않는 경우도 있다.

이 책에서 말하는 대화는 한마디로 표현하면 **새로운 관계성을 구축하는 것**이다. 이것은 철학자인 마르틴 부버나 미하일 바흐친 등이 사용한 '대화주의' 또는 '대화 개념'이라는 것에 뿌리를 두고 있다. 물론 그런 유래는 신경 쓰지 않아도 무방하다. 우리는 사는 동안 끊임없이 '관계성'을 새롭게 하면서 대화를 계속하고 있는 존재이기 때문이다.

♦ "그 사람은 경영자로서 적합한 사람인가?"

대화에 관해 깊게 파고들기에 앞서, 어느 기업 경영진의 일화를 소개하겠다. 그 기업은 동족 기업으로서 현재의 사장이 창업해 크게 성장시켰지만 슬슬 사업 계승, 다시 말해 사장의 교체가 필요한 시점이었다. 이런 상황 속에서 조직상의 과제가 몇 가지 부각된 상태였는데, 그중 하나는 어떻게 해야 현재의 부사장인 큰아들이 사장이 될 수 있느냐는 것이었다.

나는 정기적으로 멘토링을 했는데, 둘째 아들과 1대 1 면담을 하는 가운데 화제가 서서히 '형은 경영자로서 적합한 사람인가?'라는 내용으로 넘어갔다. 둘째 아들은 몇 가지 측면에 대해 형을 부정적으로 평가했다. 형의 일 처리에 불만스러운 부분이 많았던 그는 이대로 형이 사장이 되는 것을 받아들이기가 어려운 듯했다.

그래서 나는 둘째 아들의 이야기 속에 담겨 있지 않은 부분으로서 큰아들이기에 아버지에게 부족한 점을 끊임없이 지적받아야 하는 '압박감'과 회사를 계승하는 역할을 타의적으로 부여받음으로써 느끼는 '부자유함'을 공유하고자 했다. 큰아들이 평소에 어떻게 느끼며 살고 있을지를 나의 시점에서 이야기한 것이다. 그러자 둘째 아들은 "그렇군요. 그런 부분에 관해서는 미처 생각을 못 했습니다. 형도 나름대로 이런저런 고충이 있었겠네요."라고 대답했다. 또한 "형이 회사 내에서 자신의 장점을 좀 더 발휘해 줬으면 좋겠습니다."라는 이야기도 했다.

그리고 다음 멘토링 때, 이번에는 형과 동생이 직접 이야기를 나눌 자리를 마련했다. 이야기를 나누는 가운데, 동생은 이런 말을 했다.

"나는 지금까지 형이 사장으로서 적임자인지 아닌지만 생각했어. 하지만 앞으로는 **내가 어떻게 해야 형이 훌륭한 사장이 될 수 있을지**를 생각하려 해."

게다가 구체적으로 어떻게 해야 형이 자신의 장점을 더욱 살릴 수 있을지에 관해서도 다양한 제안을 했다.

만약 둘째 아들이 '형은 경영자로서 적합한 사람인가?'를 판단하는 위치를 고수했다면 이런저런 제안을 하기보다 외부에서 '무엇을 했다/안 했다(할 수 있다/하지 못한다)'는 관점으로 큰아들을 계속 평가했을 것이다.

그러나 '사장으로서 적합한 사람이 되도록 뒷받침한다'는 관점에 서자 "이런 것을 해 보면 어때? 이렇게 하면 할 수 있게 되지 않을까?"라고 아이디어를 속속 제안하게 되었다. 큰아들에게는 큰아들 나름의 고충이 있음을 깨닫고 그 고충을 극복해 아버지가 맨주먹으로 일구어낸 사업을 더욱 성장시켜 나갈 수 있도록 동지, 전우로서 함께 걷기 시작한 것이다. 그 과정에서 '형은 사장으로서 적합한 사람이 아닐지도 몰라.'라는 생각을 어떻게 '형이 사장이 되어야 해.'라는 인식으로 바꾸었는지까지는 나도 알지 못한다. 다만 그 자리에 입회했던 내게 참으로 극적이고 감개무량한 변화였다는 것만큼은 분명하다.

◆ 도구로서의 관계성으로부터
어떻게 벗어날 것인가

이 책에서 말하는 대화가 무엇인지 조금 파악이 되었는가? 방금 소개한 형제의 대화에서, 동생이 아무리 우수한 인재라고 한들 이 것을 기술적 문제로 파악하고 '조직론'이나 '팀 매니지먼트론', '커뮤니케이션 기술', '교섭 기술' 등을 구사해 해결하려 했다면 부분적으로밖에 문제가 해결되지 않았을 것이다. 그런 접근법의 전제는 '형이 사장으로서 적합한가(문제가 없는가)?'라는 것이며, 나아가 그 전제에서는 자신이 옳다고 생각하는 기준에 따라 상대를 일방적으로 평가한다는 관계성이 성립하기 때문이다. 그런 상태에서는 상호 간에 반발심이 싹트기 때문에 서로의 장점을 살리지 못할 것이다.

그렇다면 대화를 통해 두 사람의 관계성은 어떻게 변화했을까? 과거에 '형과 동생'이었던 관계는 회사에서 함께 일함에 따라 각기 회사의 중책을 맡는 관계로 변화했다. 그러는 가운데 동생은 형을 평가하는 시선을 갖게 된 것인데, 이것이 대화를 통해 '사장이 되려 하는 형과 그런 형을 뒷받침하는 동생'이라는 관계성으로 변화해 갔다.

철학자 마르틴 부버는 인간끼리의 관계성을 크게 두 가지로 분류했다. 첫째는 '**나와 그것**'이라는 관계성이고, 둘째는 '**나와 너**'라는 관계성이다. '나와 그것'은 인간이면서도 마주하는 상대를 자신의 **도구**처럼 파악하는 관계성을 의미한다. 예를 들어, 레스토랑에 갔을 때 '점원'에게 일정 수준의 예의나 기능을 바라지는 않는가? 돈을 냈기에, '점원'

이기에, 요청을 말하면 물이든 요리든 제공해 준다. 그리고 그 사람의 나이가 몇 살이든, 성별이 무엇이든, '도구적인 응답'을 기대한다.

비즈니스에서 이런 관계는 흔히 볼 수 있다. 친구가 아니라 업무상의 관계이므로 사적인 감정은 배제하고 처지나 역할에 따라 '도구'적으로 행동할 것을 요구한다. 인간성과는 다른 측면에서 도구로서의 효율성을 중시한 관계를 구축함으로써 회사 운영이나 업무 연계를 원활히 할 수 있다. 반대로 기대했던 기능이나 역할을 수행하지 못하면 신용을 잃거나 인사이동을 당하거나 해고되는데, 이것 자체에 문제가 있는 것은 아니다. 우리는 이렇게 사회를 운영해 왔다. 이것이 '나와 그것'의 관계성이다.

반면에 '나와 너'의 관계에서 상대는 대체 불가능한 존재다. 좀 더 알기 쉽게 말하면, 상대가 나였을지도 모른다고 생각하는 관계. 예를 들어 상사와 부하라는 관계는 때때로 상하관계나 대립을 낳는다. 그러나 우수한 팀, 어려운 문제에 도전하는 팀은 상사와 부하라는 공식적인 관계를 초월해 한 몸처럼 행동하는 듯이 보일 때가 있기 마련이다. 그럴 경우는 '나와 그것'의 관계성에서 개개인의 차이를 초월해 '나와 너'의 관계성으로 이행한 상태라고 파악할 수 있을 것이다.

대화란 권한이나 처지와 상관없이 누구를 상대로든 **자신의 내부에서 상대를 발견하는 것, 상대의 내부에서 자신을 발견하는 것**, 쌍방향으로 서로를 받아들여 가는 것을 의미한다. 조금 번거롭고 순진한 소리로 들릴지도 모르지만, 바로 이것이 우리가 실제로 직면하고 있는 '적

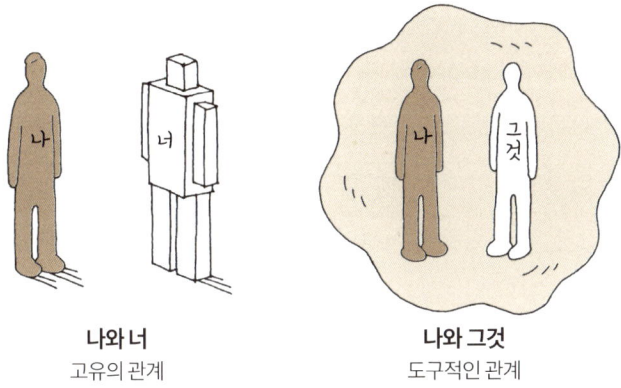

마르틴 부버의 '인간끼리의 관계성' 분류

나와 너
고유의 관계

나와 그것
도구적인 관계

응 과제'를 해결하는 데 어려움을 겪는 진짜 이유다.

♦ 모든 조직의 어려움은 '적응 과제'로부터 시작된다

그러면 적응 과제에 관해 조금 더 깊게 생각해 보도록 하자. 먼저, 적응 과제란 대체 무엇일까? 하버드 케네디 스쿨의 로널드 하이페츠 교수 등은 적응 과제에 네 종류가 있다고 말했다.

첫 번째 유형인 '괴리형'은 소중히 여기는 '가치관'과 실제 '행동' 사이에 괴리가 있는 경우다. 예를 들어 일본은 여성의 사회 진출이 굉장히 더

디게 진행되고 있다는 이야기를 오래전부터 들어 왔는데, 여성의 사회 진출을 반대하는 '가치관'의 소유자는 그리 많지 않을 것이다. 그러나 어떤 시대까지 남성에게 유리한 남성 중심의 직장이 형성되어 왔으며 그것이 현재도 유지되고 있다. 그 시스템이 단기적으로는 어떤 측면에서 합리적으로 기능했기에 직장에 따라서는 그것을 바꾸는 행동에 나서기가 쉽지 않은 것도 사실이다. 그 시스템을 바꾸려 하면 남녀의 대등한 사회 참가라는 장기적인 목표를 위해 단기적인 합리성을 어느 정도 희생해야 한다는 괴리가 발생하는 것이다. 실제로 이 괴리를 메우기 위해 행동을 바꾸려 하는 것은 그 나름대로 복잡하고 골치 아픈 문제라고 말할 수 있다.

말하자면, **문제는 (좁은 의미에서) 합리적으로 발생한다.** 그러므로 이 합리성의 근거를 바꾸도록 유도하는 데 도전할 필요가 생긴다.

앞에서 소개한 형제 경영의 사례도 이 괴리형에 속할 것이다. 상대를 평가하는 업무상의 가치관과 사업 계승자로서 존중할 때 해야 할 행동 사이에 괴리가 있었다.

두 번째 유형인 **'대립형'은 서로의 '책무'가 대립하는 경우다.** 이것은 영업 부문과 법무 부문의 대립을 예로 들면 이해하기 쉬울 것이다. 영업 부문은 단기 실적의 달성이 중요한 임무다. 반면에 법무 부문은 계약에 문제가 없게 하는 것이 중요하다. 조직 속에서 일어나는 심각한 대립을 살펴보면 어느 한쪽이 명백히 옳고 다른 한쪽이 명백히 틀린 경우는 없다. 양쪽 모두 각자의 '합리성의 근거'에 입각해 올바른 행동을 한 것이지만 이것이 서로 엇갈린 탓에 문제가 발생한다. 합리성의 근거, 즉 틀의 차이가 대립을 낳은 원인이기에 이 차이를 해소하고자 노력할 필요가 있다.

세 번째인 **'억압형'은 '하기 어려운 말을 하지 않는'** 경우다. 무엇인가를 말하기가 어려운 관계이거나 말하면 골치 아픈 문제에 휘말려 손해를 볼 것 같아 억압당한 상태로, 이렇게 되면 문제를 제기하기가 어려워진다.

조직 내에서 '의견을 말할 수 있는' 범위가 좁아지면 당연히 생각의 범위도 좁아진다. 이 유형의 적응 과제가 기술적 문제로 치부되는 일이 많은 것은 바로 여기에서 기인한다. 가령 기존의 사업이 그다지 미래가 보이지 않음을 알면서도 철수하지 못하는 경우가 여기에 해당할 것이다. 철수하자고 제안하기 어려운 까닭에 전망이 서지 않는 사업에 이것저것 땜질을 계속하고, 그 결과 현장은 점점 지쳐 간다.

조직 속에서 의견을 말할 수 있는 범위를 넓히지 않으면 이 적응 과제를 해결할 수 없다.

네 번째인 **'회피형'은 아픔이나 두려움을 동반하는 본질적인 문제를 회피하고자 문제로부터 도망치거나 별개의 행동으로 바꿔치는 경우다.** 이를테면 직장에 정신 질환을 앓는 사람이 생겼을 때 스트레스를 견디는 훈련을 실시하는 것이 그 전형적인 예다. 언 발에 오줌 누기일 뿐이지만 어쨌든 대책은 실시했다고 정당화할 수 있기 때문이다. 그것이 개별적인 능력의 층위에서 대처할 수 있는 기술적 문제가 아니며 직장의 업무 방식이라든가 사업 자체가 근본적으로 안고 있는 문제에 손을 대야 함을 많은 사람이 알고는 있지만, 그것이 어렵기 때문에 문제를 바꿔치거나 책임을 전가한다. 그러나 실제로는 해결해야 할 과제와 마주하는 것이 중요하다.

이 네 가지 유형의 공통점은 기존의 기법이나 개인의 기량만으로 해결할 수 있는 문제가 아니라는 점, **사람과 사람, 조직과 조직의 '관계성' 속에서 생겨난 문제**라는 점이다. 또한 네 가지 유형의 적응 과제를 넓은 시야로 바라보면 핵심적인 문제에 손을 대지 '않는다·못한다'는 공통점이 발견된다. 이것을 당사자의 관점에서 보면 해결해야 할 문제 자체보다 애초에 문제를 찾아내는 방법 자체가 잘못되었다고 말할 수 있다. 그렇다면 왜 겉으로 드러난 문제에만 힘을 쏟을까? 그 이유는 기존 인식의 틀이 문제를 찾아내는 것을 제약하기 때문이다.

가령 앞에서 언급한 영업 부문과 법무 부문의 대립을 생각해 보면, 서로 각자의 틀 안에서 자신들의 정당성을 주장하는 이유는 자신의 틀 안에서는 상대의 주장이 잘못된 것으로 보이기 때문이다. 그래서 상대가 '말도 안 되는 주장'을 한다고 생각한다.

그러나 일단 자신의 틀 밖으로 나와서 상대가 왜 그렇게 주장하는지 생각해 보면 '뭐, 무슨 말을 하고 싶은지는 알겠어.'라는 식으로 상대의 논리에도 나름대로 일리가 있음을 깨닫게 된다. 그리고 어떻게 해야 상대가 나의 주장을 받아들여 줄 것이냐는 관점에서 생각할 수

||||| 적응 과제의 네 가지 유형 |||||

괴리형

실제의 행동   가치관

대립형

책무A   책무B

억압형

회피형

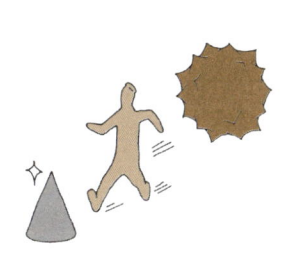

있게 된다. 이 일련의 과정이 바로 대화이며, 적응 과제와 마주한다는
것이다.

♦ 경영 위기에 직면했던 스타벅스의 변혁

이런 적응 과제에 도전하는 대화를 하려면 먼저 눈앞에서 일어나고 있는 일을 곧바로 해결하려 하지 말고 일단 멈춰 서서 생각할 필요가 있다.

과거에 스타벅스가 경영 위기에 직면했을 때 실시한 변혁을 예로 들어 보겠다. 상장 이래 첫 적자를 기록하는 등 경영 위기에 빠졌던 2008년에 스타벅스 중흥의 시조인 하워드 슐츠가 실시한 대처는 대화를 통해 고객과의 관계를 재구축하려는 시도였다고 말할 수 있다. 다만 그전에 일단 멈춰 서는 대화의 준비 단계가 있었다.

1992년에 상장한 이래 스타벅스 커피는 15년 동안 약 100배라는 놀라운 속도로 성장했다. 그러나 상장으로 주주 가치의 극대화가 요구됨에 따라 스타벅스를 이용함으로써 얻을 수 있었던 독특한 '스타벅스 경험'은 점점 저하되어 갔다. 가령 에스프레소를 효율적으로 내리기 위해 도입한 커다란 에스프레소 머신은 고객의 눈에 바리스타의 얼굴이 보이지 않게 만들었다. 또한 효율화를 위해 커피 원두를 그 자리에서 분쇄하는 것이 아니라 미리 분쇄해서 봉투에 담아 놓았다가 사용하는 방식으로 변경한 결과 커피의 향이 약해졌다. 그뿐만이 아니다. 매출 향상을 위해 따뜻한 샌드위치를 판매함에 따라 매장 안이 치즈 냄새로 가득해졌고, 이 또한 스타벅스 특유의 분위기를 크게 해지는 결과로 이어졌다.

이처럼 매출 향상을 위해 수많은 시책을 전개하는 가운데 고객은 서서히 이익을 위한 도구로서 인식되어 갔는지도 모른다. 물론 스타벅스가 이것을 의도했다고는 생각하지 않는다. 주식을 상장함에 따라 등장한 주주라는 새로운 이해관계자와 좋은 관계를 구축하기 위해 노력하다 보니 의도치 않게 고객과의 사이에 '나와 그것'의 관계가 구축되어 버린 것이리라.

그러나 그 대가는 너무나도 컸다. 맥도날드가 1달러에 에스프레소를 제공하는 행사를 실시하며 대대적인 공세를 시작하자 고객 이탈이 발생해 적자로 전락한 것이다. 이에 매출 향상을 위해 이런저런 대책을 마련해 봤지만 효과가 없었다. 더는 독자적인 경험을 제공해 주는 장소가 아니게 된 스타벅스에 굳이 (맥도날드보다 비싼 커피를 마시러) 갈 필요가 없어졌기 때문이다.

이런 상황에 직면한 슐츠는 일단 멈춰 섰다. 무엇보다 먼저 자신을 포함한 경영진이 주주 가치의 향상을 위해 단기적인 경영 시책에만 열중해 왔음을 직시하고, 자신도 그런 문제를 만들어 내는 데 가담한 일원이었다는 사실을 받아들이는 것부터 시작한 것이다. 이 사실을 받아들이기까지 크게 갈등했으리라 생각한다. 자신은 좋은 뜻에서 해 온 일이 언제부터인가 좋지 않은 결과를 불러왔다는 사실을 받아들이는 것은 결코 쉬운 일이 아니다.

그러나 일단 멈춰 서자 무엇을 해야 할지가 보이게 되었다. 그 출발점은 본래 스타벅스가 소중히 여겨야 할 가치가 무엇이냐는 것이었다.

슐츠는 이것을 기점으로 무엇을 바꿔야 할지 곰곰이 생각한 뒤 개혁에 착수했다. 스타벅스가 소중히 여겨야 했던 가치는 스타벅스라는 독특한 공간에서 얻는 특별한 경험이었을 터이다. 어느 틈엔가 변질되어 버린 고객과의 관계를 다시 한 번 구축하는 것이 슐츠가 실시한 개혁의 핵심이었다고 말할 수 있다.

이것은 고객과 대화를 한 것이라고 말할 수 있다. 언제부터인가 '나와 그것'의 관계가 되어 버렸던 고객과의 관계를 되돌아보고, 다시 한 번 '내가 고객이라면 어떻게 생각할까?'라는 관점에서 자신들의 회사를 바라봤다. 그리고 에스프레소 머신을 바리스타의 얼굴이 잘 보이도록 높이가 낮은 제품으로 바꾼다는 결정을 내렸다. 이를 위해 모든 점포를 일시적으로 폐쇄하고 바리스타 연수를 실시한 일화는 유명하다. 스타벅스 경험을 저하시켰던 여러 가지 시책도 재검토하기로 했다. 이렇게 함으로써 스타벅스는 자신들도 모르는 사이에 '나와 그것'이 되어 있었던 고객과의 관계성을 '나와 너'의 관계성으로 조금씩 바꿔 나갈 수 있었다. 슐츠는 일단 멈춰 서서 자신 그리고 회사가 놓인 상황을 유심히 관찰함으로써 대개혁이라는 적응 과제에 도전해 고객과의 대화적 관계성을 재구축할 수 있었던 것이다.

앞에서 소개한 적응 과제의 네 가지 패턴을 기준으로 생각하면 이 사례는 매출 부진을 기술적으로 해결하려 한 '회피형'이자, 오래전부터 일해 온 현장 매니저들이 위화감을 느끼면서도 말을 꺼내지 못한 '억압형'이며, 어쩌면 고객 경험이 중요하다는 가치관을 가졌으면서도 현실적으로 성장을 우선해 왔던 '괴리형'이라고도 말할 수 있을 듯하다.

이런 적응 과제는 조직 내의 관계성 속에서 복잡하게 얽히면서 커져 간다.

♦ 모두가 갖고 있는 '내러티브'란 무엇인가?

우리는 사회에서 일하는 가운데 자신도 모르게 상대와의 사이에 '나와 그것'의 관계성을 구축하는 경우가 종종 있다. 물론 그 관계성으로 순조롭게 일을 진행하고 있다면 억지로 바꿀 필요는 없다. 그러나 그 관계성으로 인해 무엇인가 예상치 못했던 문제가 일어나는 등 적응 과제가 발견되었다면 그 관계성을 수정해야 한다고 생각할 수 있을 것이다.

그 첫걸음으로서, 상대를 바꾸는 것이 아니라 먼저 이쪽이 조금 바뀔 필요가 있다. 안 그러면 애초에 배후에 있는 문제를 깨닫지 못하며, 따라서 새로운 관계성을 구축할 수도 없기 때문이다.

그런데 '이쪽'이 바뀌야 할 것은 대체 무엇일까? 그것은 바로 내러티브다. **'내러티브(narrative)'란 스토리, 즉 그 이야기를 만들어 내는 '해석의 틀'을 의미**한다. 다만 스토리라고 해도 기승전결을 갖춘 스토리와는 조금 다르다. 우리가 비즈니스를 하는 상황에서라면 '전문성'이나 '직업 윤리', '조직 문화' 등에 기반을 둔 해석이 내러티브의 전형적인 예라고 할 수 있지 않을까 싶다.

몇 가지 예를 들어 보겠다. 상사와 부하의 관계에서 상사는 부하를 지도하고 평가할 것이 요구되는 가운데 부하에게 순종을 요구하는 내러티브 속에서 살고 있을 때가 많다. 또한 부하는 부하대로 상사에게 리더십이나 책임을 요구하며, 상사가 그 해석을 따르지 않는 언동을 하면 화가 나기도 한다. 요컨대 서로가 '상사라면/부하라면 이런 존재여야 한다.'는 암묵적인 해석의 틀을 갖고 있을 터이다.

또한 의사와 환자의 관계라면 의사는 환자의 생명을 책임지는 가운데 환자를 진단 대상이라는 내러티브로 해석한다. 그리고 환자는 환자대로 의사를 자신의 신체에 생긴 문제를 올바르게 치료해 줄 '선생님'으로 해석할 것이다. 이처럼 내러티브는 개인의 성격과 상관없이 업무상의 역할에 대해 세상이 일반적으로 요구하는 직업 규범이나 그 조직 특유의 문화 속에서 만들어진 해석의 틀로부터 탄생한다.

'구조 조정'이라는 말에 관해서 생각해 보면 이해하는 데 도움이 될 것이다. 일본에서는 구조 조정에 대해 "고용 보호라는 책임을 다하지 못했다."라는 식으로 이야기하는 경우가 종종 있다. 그러나 본래 구조 조정은 리스트럭처링(restructuring)이라는 영어를 번역한 말로, 이것은 기업의 사업 구조를 '재구축'한다는 의미다. 미국에서는 구조 조정을 일본처럼 무작정 강하게 비판하지 않고 전략적인 경영 판단으로 받아들인다. 구조 조정은 경영을 재구축하기 위한 전체 전략 중 하나에 불과하며 그 주안점은 고용 문제가 아니라 경영 상황의 회복이라는 내

처지·역할·전문성 등을 통해서 만들어지는 '해석의 틀'

러티브가 있기 때문이다.

중요한 것은 어느 쪽의 내러티브가 옳은가가 아니라 각자의 처지에 따른 내러티브가 있다는 사실이다. 요컨대 내러티브는 단순히 관점의 차이가 아니라 그 사람들이 속한 환경에서의 **'일반 상식'** 같은 것이다.

이쪽의 내러티브에 따라 상대를 바라보면 상대가 틀렸다고 생각될 때가 있을 것이다. 그러나 상대의 내러티브에서는 이쪽이 틀렸다고 생각할 수도 있다. 이쪽의 내러티브와 저쪽의 내러티브 사이에 괴리, 즉 깊은 골짜기가 있음을 발견하고 '골짜기에 다리를 놓는 것'이 바로 대화다.

애초에 골짜기가 있음을 깨닫는 것 자체가 쉬운 일이 아니며, 스타벅스의 하워드 슐츠처럼 갈등 속에서 발견하는 경우도 많다. 그러나 타인과의 관계성 사이에 생겨난 내러티브의 골짜기와 마주할 때 비로소 사람 또는 조직을 움직일 수 있다.

이야기와 스토리와
내러티브 접근

이 책에서 다루는 대화나 적응 과제를 해결하기 위한 시도는 의료나 임상 심리의 영역에서 연구·실천되어 온 '내러티브 접근'이라는 발상·방법에 기반을 둔 것이다.

보통 내러티브(narrative)를 '이야기'로 번역하는 까닭에 언어적으로 어떻게 커뮤니케이션을 할지에 관해서 다루는 것으로 이해하기 쉽다. 그러나 본래 내러티브에는 두 가지 의미가 있다. 첫째는 말하는 행위인 '이야기'로서의 내러티브이고, 둘째는 그 이야기를 만들어 내는 세계관, 해석의 틀로서의 '스토리'다. 이 책에서는 주로 후자인 스토리를 내러티브라고 부른다.

우리가 무엇인가를 이야기할 때는 자신도 깨닫지 못하는 사이에 자신이 말하고자 하는 어떤 스토리에 따라서 이야기한다. 침묵조차도 아무런 이야기도 하지 않음으로써 무엇인가를 이야기하는 행위다.

내러티브 접근에는 상대의 경직된 스토리를 바꾸고자 개입하는 방법도 있지만, 그보다는 이쪽이 어떻게 경직된 스토리로 상대를 보고 있는지 인식하고 이쪽의 스토리를 바꿈으로써 더 나은 실천을 만들어 낸다는 발상에 중심을 둬 왔다. 그리고 그 배경에는 의사와 간호사, 카운슬러 같은 전문가들의 경험이 자리하고 있다. 임상 의료 현장에서 온갖 기술을 사용해도 문제를 해결하지 못해 전문성의 한계를 느낌에 따라 이런 발상을 하게 된 것이다.

이것을 조금 다른 식으로 표현하면 이렇다. 눈앞의 문제를 기술적으로 해결하기가 어렵다면 적응 과제가 있는 것이며, 그 적응 과제를 해결하려면 상대의 스토리를 잘 알아야 한다. 그리고 이를 위해서는 이쪽이 상대를 어떤 존재로 바라보는가, 즉 이쪽의 스토리를 먼저 바꿔야 한다. 특히 전문가로서의 스토리 속에서 살고 있으면 상대를 내가 하는 일의 대상, 도구로 파악하기 쉬워진다. 그 관계를 바꿔 나갈 때 비로소 적응 과제를 해결하는 길로 나아갈 수 있는 것이다.

요컨대 내러티브 접근의 중심축은 내러티브라는 말에서 연상되는 '상대에게 어떻게 이야기할 것인가?'보다 오히려 '상대를 파악하는 나의 스토리를 어떻게 바꿔서 대화를 향해 나아갈 것인가?'라고 말할 수 있다. 그리고 이것을 한 발 뒤로 물러나서 바라보면 적응 과제에 직면해 도저히 해결 방법이 없는 듯이 생각될 때도 자신 쪽에서 대화를 시도하면 이런저런 길이 열릴 가능성이 있음을 의미한다고 볼 수 있을 것이다.

　대화, 적응 과제, 그리고 내러티브 접근은 이런 관계로 이어져 있는 것이다.

제2장

조직의 진짜 문제를 해결하기 위한 네 가지 과정

앞 장에서 대화란 일방적인 기술만으로는 도저히 해결할 수 없는 적응 과제를 해결하기 위한 방법이며, 새로운 관계성을 구축하는 것이라고 말했다. 대화를 통해 서로의 '내러티브'의 괴리와 마주할 때 비로소 해결이 불가능해 보였던 골치 아픈 상황을 극복할 수 있는 것이다.

이 장에서는 실제로 어떻게 대화해야 하는지, 대화의 프로세스에 관해 이야기하겠다.

♦ '골짜기에 다리를 놓기' 위한 네 가지 프로세스

조직의 진짜 문제를 해결하기 위한 대화의 프로세스는 '골짜기에 다리를 놓는' 행위에 비유할 수 있다. 가령 조직 내부에 있는 각기 다른 부문의 대표들이 대화를 한다고 생각하면, 부문마다 기반으로 삼는 내러티브가 있기 때문에 양쪽의 사이에 골짜기가 존재한다. 이 내러티브의 골짜기(적응 과제)에 다리(새로운 관계성)를 놓는 행위가 대화의 실천인 것이다.

하이페츠 등은 적응 과제에 도전하려면 '**관찰—해석—개입**'이라는 사이클을 돌리는 것이 중요하다고 말했다. 다만 나는 우리의 조직 문화를 생각하면 좀 더 실천하기 쉽도록 관찰 앞에 '준비' 단계를 추가해야 한다고 생각해 그 부분을 수정했다.

이렇게 하면 '골짜기에 다리를 놓기' 위한 프로세스는 크게 네 가지로 나눌 수 있다.

1. 준비 '골짜기를 깨닫는다'

상대와 자신의 내러티브 사이에 깊은 골짜기(적응 과제)가 있음을 깨닫는다

2. 관찰 '골짜기의 건너편을 바라본다'

상대의 언동과 상황을 보고 들으면서 골짜기의 위치와 상대의 내러티브를 찾는다

3. 해석 '골짜기를 건너가 다리를 설계한다'

골짜기를 건너가서 다리를 놓을 수 있을 법한 장소와 다리를 놓을 방법을 모색한다

4. 개입 '골짜기에 다리를 놓는다'

실제로 행동함으로써 다리(새로운 관계성)를 만든다

좀 더 이미지를 그리기 쉽도록 그림으로 설명하겠다.

◆ 프로세스 1 | 준비
'골짜기를 깨닫는다'

먼저, 이런저런 수단을 실행해 보려 해도 상대가 이쪽의 말을 들어 주지 않는 상황, 좀처럼 행동해 주지 않는 상황, 이야기가 통하지 않는 상황에 직면했다면 일단 자신의 내러티브를 옆으로 치워 보는 것이 중요하다.

이것이 대화의 '**준비**'다. 자신의 내러티브, 즉 전문성이나 직업윤리 등의 틀 안에서 문제 또는 상대를 바라보면 냉정하게 상황을 파악할 수 없기 마련이다. 일단 한 발 뒤로 물러나서 주위를 둘러볼 때 비로소 서로를 이해하지 못하는 사람들 사이에 커다란 골짜기가 있음을 깨닫게 된다.

자신의 내러티브를 옆으로 치워 놓고 바라봄으로써 상대와의 사이에 골짜기가 있음을 깨달은 순간, '나와 그것'이었던 관계성은 '나와 너'라는 고유의 관계성으로 조금 변화하게 된다. 자신의 내러티브에 얽매여 있었을 때는 깨닫지 못했던 상대 나름의 사정이나 상황, 즉 상대의 내러티브가 조금이나마 모습을 드러낼 것이다.

가치관과 행동의 '괴리형'이든, 무의식적으로 문제를 지나치는 '회피형'이든, 적응 과제라는 골짜기는 깨닫기 어려우며 인정하기도 어렵다. 골짜기와 진지하게 마주하지 않으면 다음 단계로 나아갈 수 없을 때가 많은 것이다.

① **자신의 눈에 보이는**
풍경을 의심한다

기술적인 접근이 잘 되고 있지
않음을 깨닫는다

② **주변을 둘러본다**

자신의 내러티브를
일단 옆으로 치워 본다

③ **골짜기가 있음을 깨닫는다**

관계성이 '적응 과제'를 만들어 내고
있음을 인정한다

◆ 프로세스 2 | 관찰
'골짜기의 건너편을 바라본다'

준비 단계에서 상대와 자신의 내러티브 사이에 괴리가 있음을 깨달았다. 다음 단계는 골짜기의 건너편에 있는 상대가 대체 어떤 환경, 직업윤리 등의 틀 속에서 살고 있는지, 그 내러티브를 알려고 하는 것이다.

상대 또는 상대의 주변을 차분히 **'관찰'**해 보자. 상대는 어떤 압박을 받고 있는지, 어떤 책임을 지고 있는지, 업무상의 관심사는 무엇인지, 그 이유는 무엇인지 등 여러 가지 깨달음을 얻을 수 있으리라 생각한다.

적응 과제가 생겨나는 데는 그 나름의 이유가 있다. 그 이유를 알면 이쪽도 어떻게 해야 상대에게 접근할 수 있을지 실마리가 보일 터이다. 요컨대 관찰은 이쪽이 어떤 방책을 실천할 수 있을지 찾아내는 작업이다. 이 단계를 착실히 해 놓으면 다음에 이어지는 해석 · 개입의 단계에서 행동의 폭이 상당히 넓어진다.

◆ 프로세스 3 | 해석
'골짜기를 건너가 다리를 설계한다'

관찰을 통해 상대의 내러티브를 파악하면 자신이 말하는 것, 하려고 하는 것이 상대에게 의미 있는 것으로 받아들여지기 위해 필요한 포인트가 보일 터이다.

① **나와 상대 사이에 놓인 골짜기와 마주한다**
적응 과제를 해결하기로 결심한다

② **건너편에 있는 상대의 행동을 유심히 본다**
상대의 언동을 관찰한다

③ **상대를 둘러싼 골짜기 건너편의 상황을 유심히 본다**
상대의 내러티브를 관찰한다

⫼⫼⫼ 해석 '골짜기를 건너가 다리를 설계한다' ⫼⫼⫼

**① 골짜기를 넘어서
  건너편으로 간다**
상대의 내러티브를 시뮬레이션한다

나

상대

**② 건너편에서
  이쪽을 유심히 바라본다**
상대의 내러티브에서는
이쪽이 어떻게 보이는지
살펴본다

상대　나

**③ 다리를 놓을 포인트를
  찾아서 설계한다**
'새로운 관계성'을 만들 방법을
구상한다

나

상대

포인트

'해석'의 단계에서는 어떤 위치에 어떤 다리를 놓아야 할지 설계한다. 이를 위해, 상대의 내러티브 형태와 그 내부의 모습이 보였다면 일단 상대의 내러티브를 해석해 보자. 요컨대 상대의 내러티브 속으로 들어가 상대가 어떤 상황에서 일하고 있는지 시뮬레이션하는 것이다. 그런 다음 자신이 말하는 것, 하는 것이 상대에게 어떤 식으로 보일지 유심히 바라본다.

상대의 내러티브로 자신을 바라보면 어떤 장소에 다리를 놓을 수 있을지, 상대에게 어떤 다리를 놓아야 할지가 명확해진다. 의외의 발견이나 길이 보일지도 모른다.

♦ **프로세스 4 | 개입**
   '골짜기에 다리를 놓는다'

실제로 행동함으로써 다리(새로운 관계성)를 놓는 것이 '개입'의 단계다. 지금까지 상대를 잘 살펴보고 생각해 왔으니, 이 단계에서는 구체적으로 행동에 나서자.

지금이다 싶은 타이밍을 노려서 행동하자. 아무리 건너편을 열심히 관찰하고 생각한들 아무런 행동도 하지 않는다면 무엇 하나 달라지지 않는다.

실제로 행동해 보면 성공적으로 다리가 놓이는 경우도 있지만 그렇지 못한 경우도 있을 것이다. 자신이 놓은 다리의 상태를 냉정하게 살

ⅠⅠⅠⅠ 개입 '골짜기에 다리를 놓는다' ⅠⅠⅠⅠ

① 다리를 놓는다
실제로 행동에 옮겨서 새로운
관계성을 구축한다

② 다리를 왕복해 보면서 검증한다
새로운 관계성을 통해서 추가적으로
관찰한다

ⅠⅠⅠⅠ 관찰 '골짜기를 바라본다'부터 반복한다 ⅠⅠⅠⅠ

**다리를 보강하거나
새로운 다리를 놓는다**
추가적인 관찰-해석-개입을 통해
새로운 관계성을 갱신한다

펴보고 정말로 잘 놓였는지, 흔들리는 부분은 없는지 등을 확인하는 것이 매우 중요하다. 만약 불안정한 부분이 발견되었다면 다시 한 번 관찰 단계로 돌아가서 상대의 내러티브를 차분하게 관찰해 보자. 이 과정을 반복하면 서서히 튼튼한 다리를 놓을 수 있게 될 것이다.

✦ '상사가 무능해서 MBA를 취득하러 왔다.'라는 말

지금까지 '골짜기에 다리를 놓는다.'라는 비유를 통해서 대화에 관해 이야기했는데, 이미지를 파악했는지 모르겠다.

이 '준비 – 관찰 – 해석 – 개입'이라는 네 가지 프로세스의 핵심은 준비 단계가 매우 중요하다는 것이다. 가령 앞 장에서 소개한 형제 경영자의 경우, 만약 상대를 이쪽의 기준으로 평가하는 내러티브를 계속 유지했다면 서로를 뒷받침해 주는 관계가 될 수 없었을 터이다. 또한 스타벅스의 개혁 사례에서도 만약 슐츠가 매출이 하락하는 상황을 보고 기존과 똑같이 단기적인 매출 향상 대책을 강구했다면 스타벅스는 지금과 같은 모습이 아니었을 것이다. 두 사례 모두 수긍하기 어려운 사건이 있었지만 일단 대화의 준비 단계로서 자신의 현재 내러티브로 해석하기를 보류해 본 것이 주효했다.

눈앞에서 일어난 일에 화가 났을 때는 좀처럼 그 골짜기의 존재를 받아들이기 어려운 것도 사실이지만, 일단은 자신의 내러티브를 옆으로 치워 볼 필요가 있다. 안 그러면 상대의 내러티브가 보이지 않기 때문이다. 물론 자신의 내러티브를 버리라는 말은 아니다. 자신의 내러티브는 소중한 것이다. 어디까지나 잠깐 옆으로 치워 놓는다고 생각하길 바란다. 그리고 무엇인가 지금까지 경험해 온 것과는 다른 일이 일어나고 있을지도 모른다. 무엇인가 모르는 것이 있을지도 모른다는 현실을 조금 받아들여 보자. 이것이 대화의 준비 단계로서 매우 중요하다.

이 준비 단계를 성공적으로 거치면 상대를 제대로 관찰할 수 있게 된다.

나는 10여 년 전에 MBA 프로그램에서 학생들을 가르친 적이 있는데, 강의를 시작할 때 실시하는 워크숍에서 반드시 한 가지 질문을 했다. "당신이 MBA를 취득하러 온 이유는 무엇입니까?"라는 질문이다. 그런데 이때 일부 젊은 회사원의 입사 이유를 듣고 크게 놀랐다. 각자 표현은 다를지언정 결국은 '상사가 무능해서 MBA를 취득하러 왔다.' 는 취지였기 때문이다.

처음에 나는 그 말의 의미를 잘 이해하지 못했다. 상사가 무능한 것과 MBA라는 학위가 필요한 것 사이에 무슨 관계가 있는지, 그 논리를 알 수가 없었다. 그러나 좀 더 이야기를 들어 보니 대충 짐작이 되었다. '상사는 내가 의견을 내놓으면 늘 이해할 수 없는 엉터리 논리를 내세우며 반대한다. 그런 일이 계속 반복되니 화가 나서 참을 수가 없다. MBA를 취득함으로써 내가 그 상사보다 훨씬 유능하고 이해력이 높다는 것을 증명하고 싶다. 그리고 내가 하는 말이 옳음을 상사가 인정하게 만들고 싶다.'라는 의미였던 것이다.

물론 모두가 그런 이유로 온 것은 아니고, 어디까지나 일부가 그런 생각이었을 뿐이다. 그러나 나는 큰 충격을 받았다. '상사는 내 생각을 인정받기 위한 도구일 뿐인데, 그런 도구가 제대로 기능하지 않고 나를 방해한다. 그러니 본때를 보여주자.'라는 매우 격한 감정이 배후에 자리하고 있다는 느낌을 받았기 때문이다.

그러나 MBA를 취득한다고 해서 상사를 논파해 설득 혹은 배척할 수 있을까? 설령 성공한들 회사 내부에 적을 늘려서 새로운 적응 과제의 탄생으로 이어질 가능성이 크다.

분명히 일을 하다 보면 화가 날 때도 있겠고 불쾌한 일도 많이 겪을 것이다. 그러나 일단 그 기분을 옆으로 치워 보지 않으면 왜 상대가 그런 말을 하고 행동을 하는지 살펴보는 단계로 넘어가지 못한다. 상대의 내러티브를 살펴보고 어떻게 상대의 내러티브와 자신의 내러티브 사이에 다리를 놓을지 궁리하지 않으면 아무런 진전도 없을 것임은 분명하다. 자신이 그리는 이상적인 상태와 현실 사이의 괴리에 속이 타는 심정은 이해하지만, 그 괴리를 메우려면 현실 속에서 첫발을 내디뎌야 한다.

요컨대 **일단 자신의 내러티브를 옆으로 치워 보는 것이 실천적인 노력의 첫걸음이라는 말이다.**

자신의 내러티브를 옆으로 치워 본다는 것은 상대의 내러티브와 자신의 내러티브 사이에 골짜기가 있음을 인정한다는 의미이기도 하다. 지금까지는 자신의 내러티브를 의심하지 않고 살아왔지만, 그것과는 다른 내러티브가 있을 가능성을 일단 받아들이고 상대에게도 상대 나름의 어떤 사정이 있을지 모른다, 보이는 풍경이 다를지도 모른다고 상상해 보는 것이다.

이렇게 할 때 비로소 대화할 준비가 갖춰진다. 이것이 대화의 준비 단계다.

♦ 좋은 관찰은 발견의 연속이다

준비 단계를 마쳤다면 다음에는 '**관찰**'의 단계에 들어간다. 이 단계의 중심은 대체 어떤 사정에서 내러티브의 골짜기, 적응 과제가 발생했는지 확인하는 것이다.

가령 개발부와 영업부라는 서로 대립하는 관계성이 되기 쉬운 두 부서를 생각해 보자. 개발부는 자신들이 개발한 제품이나 기술 요건을 영업부가 올바르게 이해하지 못한 결과 고객에게 그 가치를 충분히 소구해 주지 않아서 자신들이 노리는 시장에 접근하지 못하고 있다고 생각한다. 한편 영업부는 출시된 새로운 제품이 고객에게 어떤 가치를 제공하는지, 소구점이 있는지 어렴풋이 이해하고 있지만 기존 제품 쪽이 매출 전망을 세우기 용이한 까닭에 좀처럼 고객 개척에 나서지 못하는 상황이다.

당신이 개발부에 소속되어 있다는 가정 아래 이야기를 진행하겠다. 처음에는 영업부의 불성실함에 화가 날 때도 있을지 모른다. 그리고 '영업부는 이 제품을 제대로 이해하지 못하고 있어.'라는 생각에서 '설명'을 해 '설득'을 시도할지도 모른다. 이것은 상대에게 제품의 정보가 부족하기에 그것을 제공하려 하는, 기술적 문제를 해결하기 위한 행동이라고 말할 수 있다. 그런데 그렇게 했지만 별다른 효과가 없다면 적응 과제가 숨어 있다고 생각할 수 있다. 그럴 경우는 일단 자신의 내러티브를 옆으로 치워 놓고 준비를 한 다음 왜 영업부가 진지하게 영업해 주지 않는지 관찰해 보는 것이 좋은 방법이다.

먼저 개발부에 소속된 자신이 영업부의 내러티브를 아는 것이 중요하다. 영업부가 무엇을 중요하게 여기는지, 무엇을 곤란해 하거나 우려하는지 유심히 관찰하는 것이다. 이를 위한 방법은 여러 가지가 있을 것이다. 영업부에서 일하고 있는 동기와 함께 식사를 하면서 허심탄회하게 의견을 물어보는 것도 한 가지 방법이라고 생각하며, 아니면 영업부의 업무가 지금 어떤 상황인지를 수치적인 데이터나 취급하는 다른 제품 등을 살펴보면서 생각할 필요도 있을지 모른다. 경우에 따라서는 어떤 영업 방침으로 움직이고 있는지 부장이나 임원급의 이야기를 들어 보는 것도 중요하다. 또한 영업부의 사람에게는 어떤 압박이 가해지고 있는지, 어떤 고충이 있는지 알아보는 것도 유익할 터이다.

그랬더니 예를 들어 '영업 부문은 기존 상품과 무엇이 다른지 제대로 파악하고 있지 않은 까닭에 결국 익숙한 기존 상품을 파는 데 힘쓸 수밖에 없다.', '한편으로 기존 제품에 강력한 경쟁 제품이 등장해, 매출을 유지하려면 전보다 더 많은 노력을 할애할 필요가 생겼다.' 등 이 런저런 사정이 보이게 되었다.

또한 관찰하는 과정에서 '새로 취임한 영업 총괄 집행 임원은 기존의 영업 방식을 개혁하고 싶어 하지만 좀처럼 성과를 내지 못하고 있다.', '마케팅부 역시 개발부와 비슷하게 영업부가 제대로 움직여 주지 않는다는 문제를 느끼고 있다.' 같은 사실도 알게 되었다. 그리고 고객이 되어 줄 것 같은 사람과 이야기를 나눠 본 결과, 역시 기존 제품과 무엇이 다른지 잘 모르겠다는 점, 다만 이 제품이 고객의 고민을 효과적으로 해결해 주지 않을까 생각한다는 점도 알게 되었다.

관찰을 통해서 발견한 이런 것들을 조금 넓은 시야에서 바라보면 어떻게 될까? 첫 번째 발견은 영업이 적극적이지 못한 배경에 내러티브의 골짜기가 있었다는 사실이다. 개발부의 내러티브와 영업부의 내러티브가 완전히 달라서 내러티브의 골짜기가 생긴 탓에 영업부와 의견 교환이 원활히 되지 않았음을 알 수 있었다.

두 번째 발견은 골짜기의 건너편을 유심히 관찰해 보니 지금까지 전혀 보이지 않았던 상대의 내러티브가 있었으며, 둘 사이에 다리를 놓아서 연결한다면 상대와 자신들에게 모두 이로운 상태를 만들 수 있을 것 같다는 점이다.

세 번째 발견은 내러티브의 골짜기를 찾아내면 그 골짜기에 다리를 놓기 위해 필요한 자원이 조직의 내부에 얼마든지 있음을 알게 된다는 점이다. 영업 총괄 집행 임원과 마케팅부가 느끼고 있는 문제는 개발부가 영업부에 다리를 놓을 때 좋은 재료가 될 것으로 보인다.

네 번째 발견은 자신이 자신도 모르는 사이에 자신의 내러티브에 얽매인 채로 살아왔으며 완전히 '나와 그것'의 관계성에 매몰되어서 상대의 아픔을 이해하지 못한 채 무작정 상대에게 변화할 것을 요구해 왔을지 모른다는 점이다. **자신은 안전한 곳에 있으면서 상대에게만 리스크를 짊어지우는 일그러진 관계였을 가능성**이 있는 것이다.

관찰은 그 나름대로 리스크를 동반하지만, 그런 리스크를 감수하고 관찰해 보면 적응 과제를 극복하기 위해 이쪽에서 할 수 있는 일이 있음을 알 수 있으며 이를 위해 필요한 자원이 회사 내부에 존재함도 보이게 된다. 또한 관찰 과정에서 자신의 편이 되어 줄 사람이나 조언을 해 줄 협력자, 정보를 제공해 줄 사람을 찾아낸다면 큰 도움이 될 것이다.

반대로 그런 협력자를 찾아내지 못한다면 관찰이 제대로 되지 않는다. 협력자를 찾아내지 못했다면 어떤 부분에서 자신이 아직 기존의 내러티브에 지나치게 얽매여 있을 가능성이 있다. 그럴 경우는 준비 단계가 부족했다는 의미다. 초조함이나 불안감, 분노 등이 준비를 방해하는 경우도 있을 수 있다. 이런 감정들은 매우 소중한 것이므로, 오히려 **그런 마이너스의 감정이 왜 싹텄는지 다시 한 번 생각해 본 다음 관찰에 임하는 것**이 중요하다.

♦ 좋은 해석을 위해서는 '파트너'가 필요하다

관찰을 했다면 다음에는 해석의 단계로 넘어간다. 해석의 단계에서는 관찰을 해서 얻은 정보가 대체 무엇을 의미하는지 생각하고, 구체적으로 개입하려면 무엇을 해야 할지 명확히 한다.

다시 한 번 개발부와 영업부의 예를 생각해 보자. 관찰을 통해 영업부가 아무래도 자신들이 개발한 제품을 취급하는 데 큰 어려움을 겪고 있음을 알았다. 그리고 그 배경에는 기존 제품과 어떤 차이가 있는지 고객에게 설명하기가 어렵다는 점, 아울러 기존 제품에 강력한 경쟁자가 나타나 신제품에 할애할 수 있는 시간이 줄어든 점 등이 있었다. 또한 한편으로는 잠재 고객이 나름 있을 것 같다는 확신도 얻었다.

여기에 지금까지는 자신들이 개발한 (자신들의 내러티브 속에서는) 훌륭한 제품이 왜 안 팔리는지 이해하지 못했는데, 영업부도 영업부대로 그 제품을 팔기 어려운 이유가 있었음을 알게 되었다. 이쪽이 훌륭하다고 생각한 제품이 영업부의 상황에서는 그다지 유의미한 것으로 보이지 않는 수준을 넘어 골칫거리일 뿐이었던 것이다. 이것은 충격적인 사실이지만, 어쩔 수 없는 일이다. 그렇다면 **상대의 내러티브에서도 의미가 있도록 만들기 위해서는 어떻게 해야 할지 궁리할 필요가 있으며, 바로 이것이 해석이다.**

이것을 해석해 보면, 영업부가 곤란을 겪는 부분에 대해 이 제품이 어떻게 도움이 될지를 좀 더 궁리할 필요가 있음이 명확해진다. 예를 들어 영업부의 사람들은 굉장히 바쁘므로 한정된 시간 속에서도 설명할 수 있는 소구점을 마케팅부와 함께 정리해 보는 방법도 효과적일 것이다. 또한 영업하러 갔을 때 효과가 있을지 없을지 알 수 없다면 당연히 후순위로 밀려나게 되므로, 이것이 고객의 잠재적인 니즈에 합치하는 제품이라는 이야기를 중요한 거래처의 고객에게서 직접 들을 수 있는 자리를 마련하는 것도 하나의 방법일 터이다.

여기에 영업 담당 임원은 영업부의 현재 상황을 반드시 좋게 생각하고 있지만은 않으므로, 그 임원의 고민을 정리해 보고 어떻게 해야 자신들의 제품이 개혁에 도움이 될 수 있을지 생각해 보는 것도 좋은 방법일 수 있다.

무엇보다도, 지금까지 상대가 '이해하지 못한다.'는 생각에서 '설명', '설득'을 반복했지만 상대가 움직여 주기는커녕 오히려 더 반발하며 힘을 빌려 주지 않았던 데는 이런 사정이 있었음을 알게 되었다. 상대의 반발을 사지 않으려면 무작정 설명만 하지 말고 무엇인가 더 좋은 방법을 궁리할 필요가 있을 것이다. 이를테면 잠재 고객을 초대하는 작은 이벤트를 영업부 외 개발부, 마케팅부의 사람들도 참가하는 형태로 여는 것 또한 좋은 방법일지 모른다. 물론 사전에 영업부나 마케팅부의 사람들과 이에 관해서 작전 회의를 열어도 좋다.

흥미로운 점은 그런 **해석 작업을 함께 해 나가면 점점 서로가 하는 말의 참뜻을 파악하게 된다는 것이다.** 접점을 늘려서 서로의 내러티브를 이해한다는 의미에서도 함께 작업하는 것은 나쁘지 않다.

이처럼 관찰을 거듭한 결과 알게 된 사실을 바탕으로 왜 그것이 일어났는지, 그것을 극복하려면 어떻게 해야 할지 생각하고 작전을 수립하는 것이 이 해석 단계다.

지금까지 설명한 해석의 흐름을 정리해 보자.

1. 관찰로 알게 된 것을 바라보고
   상대의 내러티브를 자기 나름대로 구성해 본다
2. 상대의 내러티브 속으로 들어가서
   자신을 바라보면 어떻게 보이는지 확인한다
3. 내러티브의 골짜기에 다리를 놓을 포인트를
   협력자 등의 자원과 연계해서 생각한다

첫 번째는, 해석 단계에서는 먼저 관찰된 사실을 똑바로 바라보는 것이 중요하다는 이야기다. 그 사실들을 통해서 상대의 내러티브가 어떤 것인지 찾아보고, 생각한다. 그러면 무엇이 골짜기를 만들었는지 알게 된다.

그런데 지금까지 **"주시한다."**가 아닌 **"바라본다."**라는 표현을 사용한 데는 이유가 있다. 주시한다는 것은 한 점을 집중해서 보는 행위인 까닭에 그 점이 생겨나게 된 주변의 문맥을 보이지 않게 만들기 때문이다. 또한 주시한다는 말은 혼자서 작업한다는 느낌을 준다. 그러나 혼자서 그런 작업을 하면 고독감 등의 이유에서 정말로 봐야 할 것을 보기가 어려워지는 경우가 있다. 그렇게 되면 손을 대야 할 일, 해야 할 일에 착수하지 못하며, 결과적으로 좋은 관찰도 해석도 불가능해질지 모른다.

이 해석 작업은 가급적 신뢰할 수 있는 동료나 파트너와 함께 하는 것이 좋다. 적어도 자신의 머릿속에서만 생각하지 말고 글로 써 보는 등의 방법을 통해 객관적으로 바라보길 바란다. 그리고 무엇을 알게 되었는지 생각하거나 지난 관찰에서 무엇이 부족했는지 생각하고 한 번 더 관찰 과정으로 돌아가서 살펴 보면 더 좋은 해석을 할 수 있게 될 것이다.

두 번째는 상대의 내러티브 속에서 자신을 바라보라는 이야기다. 그러면 왜 자신의 설명 혹은 설득이 상대에게 닿지 않았는지 알 수 있을 것이다. 또한 이 단계는 지금 놓인 상황에서 어떻게 해야 자신이 하려고 하는 것을 상대에게 유의미한 것으로 만들 수 있을지 생각하는 데도 중요하다.

세 번째는 상대의 내러티브 속에서 바라본 것을 바탕으로 주변의 협력자나 자원과 연계하면서 다리를 놓을 포인트나 다리의 디자인을 모색하라는 이야기다. 다시 한 번 개발부와 영업부를 예로 들면, 자신들의 제품을 영업부가 지금 곤란을 겪고 있는 문제의 해결에 유의미한 것으로 받아들이도록 하려면 어떤 궁리가 필요할지, 어떤 개량을 해야 할지 등을 생각해 본다.

그리고 관찰 단계가 충실했다면 다양한 협력자 또는 자원이 있음도 보였을 터이므로 그것을 활용하면서 다리를 놓을 장소나 다리의 디자인을 구상해 보자.

♦ 모호한 문제를 어떻게 명확한 문제로 재인식할 것인가

해석과 개입의 단계에서 중요한 포인트가 있다. 준비와 관찰을 거듭하면 다리를 놓는 데 활용할 수 있는 다양한 자원이 발견될 것이다. 그 후 해석의 단계에 들어가서 다리를 설계하고 개입하는 단계에 이르렀을 때 비로소 기술적 해결이 가능해진다. 이때 지금까지 공부해 온 다양한 노하우와 스킬이 빛을 발하는 것이다.

적응 과제를 기술적 문제라고 생각해 기존의 지식이나 노하우로 해결하려 하면 골짜기 아래로 떨어진다. **기술적인 문제 해결이 가능한 상황**은 골짜기가 없거나 골짜기의 정체를 명확히 알았을 때다. 그렇지 않은 상황, 다시 말해 직면한 문제가 적응 과제임에도 기술적인 문제 해결에 의지하면 골짜기 아래로 떨어지게 된다. 그러나 처음에 기술적 문제라고 판단했더라도 사실은 적응 과제였음을 인정하고 상대를 유심히 관찰해 해석한 다음 다리를 놓는다면 골짜기 아래로 떨어질 일은 없다.

문제에는 두 가지 상황이 있다고 생각하면 이해하기 쉬울 것이다. 첫째는 신규 사업을 시작해야 할지 말지 같은 모호한 상황이고, 둘째는 특정 사업에서 경쟁자보다 우위에 서려면 어떻게 해야 하는가와 같

상대의 내러티브를 보지 않고
기술적으로 문제 해결을
시도하다 실패한다

상대의 내러티브를 관찰하고 해석한
다음 새로운 관계성을 구축하고자
기술적으로 개입한다

이 문제가 명확한 상황이다. 문제가 모호한 상황에서는 철저한 관찰로 정보를 수집하고 그 정보를 바탕으로 해석할 필요가 있다. 그 결과 무엇이 문제인지 명확해졌을 때 비로소 개입이 가능해진다고 말할 수 있을 것이다.

준비 단계는 현재의 관점에서 벗어나 무엇이 문제인지 알기 위해 관점을 다시 설정하는 것을 의미한다. 언뜻 단순한 문제처럼 보여서 해결책을 강구하지만 어째서인지 상황에 진전이 없을 경우, 관점을 재설정해야 한다. 다양한 관계성 속에서 문제가 무엇인지 모호한 상태에 있다면 그것이 바로 적응 과제에 직면한 상황이라고 말할 수 있다. 그리고 기술적 문제가 아니라 적응 과제에 직면한 상황임을 받아들이는 단계가 준비이며, 문제를 조금씩 명확히 해 나가는 단계가 관찰과 해석이다.

여기까지 왔으면 문제가 명확해졌을 터이므로 개입 단계로 넘어가 지금까지 공부해 온 다양한 노하우와 지식을 효과적으로 활용할 수 있을 것이다.

♦ 개입이라는 행동은 다음 관찰의 출발점이기도 하다

관찰을 바탕으로 해석을 했다면 다음 단계는 '**개입**'이다. 개입 단계는 해석을 통해서 알게 된 실행해야 할 것을 실제로 해 보는 단계다.

개발부와 영업부의 사례로 다시 돌아가자. 지금까지 알게 된 것은 영업부가 팔기 어려운 상품이었다는 점, 영업부는 지금 고민을 안고 있다는 점이었다. 그리고 현재 상황을 개선하고 싶어 하는 임원도 있으며, 마케팅부의 협력도 얻을 수 있음을 알았다. 고객에게서도 잠재적인 니즈를 예감케 하는 언동을 많이 보고 들을 수 있었다.

다시 한 번 말하지만, 이런 것들을 알게 되면 **회사 내부에는 사실 무엇인가를 하기 위한 자원이 많음**을 깨닫게 될 것이다. 자원이 없어 보였던 것은 사실 상대를 해석하는 이쪽의 내러티브가 경직되어 있었기 때문이며, 그 내러티브를 준비 단계에서 옆으로 치워 놓으면 다양한 가능성이 열리는 것이다.

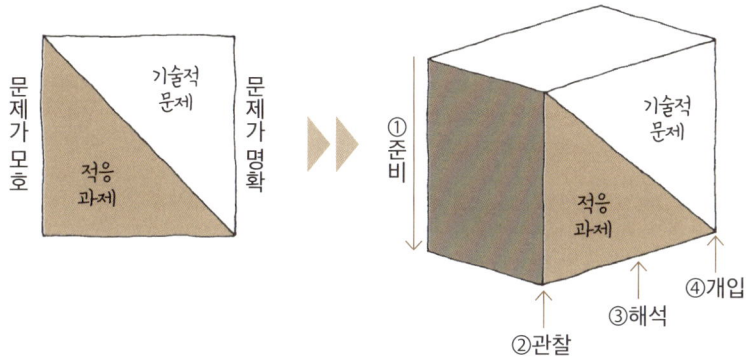

|||||| 기술적 문제와 적응 과제의 관계 ||||||

기술적 문제로 인식했던 상황을 준비 단계에서 적응 과제로 재인식하고
관찰-해석-개입을 거침으로써 다시 기술적 문제로서 구체화해 나간다

그래서 영업부에도 유의미한 제품이 되도록 제품의 소구점을 명확히 하거나, 고객의 목소리를 바탕으로 제품의 사용성을 좀 더 높이는 등의 개량을 실시하거나, 혹은 새로운 제품이 경쟁자와의 경쟁에서 승리하는 데 기여할 방법을 궁리하는 등 다양한 행동을 궁리한다.

그런 다음에는 궁리한 것을 실행한다. 실행해 보면 당연히 생각대로 진행되는 것도 있고 그렇지 못한 것도 있기 마련이다. 혹은 생각보다 훨씬 원활히 진행될 때도 있다.

예를 들면 영업부의 사람들이 여전히 소구점을 잘 모르겠다는 반응을 보일 때도 있을 것이다. 이럴 때도 단순히 소구점을 잘 이해하지 못했을 가능성과 또 다른 걱정이나 우려가 있을 가능성을 모두 생각해 보는 것이 중요하다. 그 밖에도 업무량이 지금보다 더 늘어나는 것은 아닌지 우려하고 있다면 부가 가치를 높임으로써 수치 달성에 기여한 다든가, 잘 팔릴지 어떨지 걱정한다면 고객과의 접점을 제공한다든가 하는 방법을 시도해 볼 수 있을지 모른다.

어쨌든, 개입이라는 구체적인 행동을 해 보는 것은 분명히 '준비 – 관찰 – 해석'을 거쳐 도달하는 하나의 종착점이지만 어떤 의미에서는 개입 자체가 다음 관찰의 출발점이기도 함을 잊지 말아야 한다.

♦ 네 가지 사이클을 반복한다

그리고 중요한 점이 있다. 대화의 프로세스는 왔다 갔다 한다는 것이다. 예를 들어 준비 단계가 부족한 채로 관찰에 임하면 제대로 관찰할 수 없다. 또한 해석이 빗나가면 개입을 하더라도 효과가 없을 수 있다. 이럴 경우는 어떤 단계가 부족했는지 생각하면서 다시 할 필요가 있다. 이처럼 진행이 원활하지 않다면 그때그때 수정하면서 진행하는, 이른바 애자일(기민한) 프로세스로서 네 단계의 프로세스를 생각해 보길 바란다. 그리고 이 '준비 – 관찰 – 해석 – 개입'의 사이클을 돌림으로써 조직의 내러티브와 내러티브 사이에 있는 골짜기에 다리가 놓이고 새로운 관계성이 구축되는 것을 실감했으면 한다.

다리가 놓인다는 것은 상대와 자신 모두 서로를 유의미한 존재로 여기며 함께 일할 수 있는 상태가 되었음을 의미한다. 가령 '상사가 내 이야기를 이해해 주지 않아.'라고 느낀 부하가 '준비 – 관찰 – 해석 – 개입'의 사이클을 돌리며 대화에 임해 다리를 놓는 데 성공하면 부하와 상사 양쪽에 유의미한 일을 할 수 있는 관계성이 형성된다.

이런 일련의 대화 사이클을 돌리면 아마도 상대에게서 '뭔가 전과는 달라졌는데?'라는 인상을 받게 될 것이다. 예컨대 이전과 달리 위에서 내려다보는 느낌으로 말하지 않게 되었다거나 전보다 자신들의 목소리를 반영해 주게 되었다는 등의 변화를 느꼈다면 큰 성과라고 말할 수 있다.

대화에 임하기 이전 단계에서는 '우리가 개발한 제품을 팔아 주지 않는 영업부'라는 '나와 그것'의 관계성이었던 것이 대화의 사이클을 돌림으로써 '영업부가 열심히 일할 수 있도록 우리도 최선을 다하며, 영업부는 우리의 그런 노력에 부응해 준다.'라는 '나와 너'의 관계로 변화한다.

이것을 거듭해 나가면 처음에는 분단되어 있었던 개발부와 영업부의 내러티브 사이에 다리가 놓이고, 그 다리가 점점 튼튼하게 변화해 간다. 그리고 개발부도 영업부의 피드백을 더욱 깊게 이해할 수 있게 되어 더 나은 제품을 만드는 결과로 이어질 터이다.

◆ 나는
'나와나의환경'이다

지금까지 부서와 부서 같은 조직 사이의 문제를 예로 들면서 설명했는데, 대화란 결국 개인 사이의 인간관계가 아니냐고 생각하는 사람도 있을 것이다. 이에 관해서는 20세기 스페인 철학자인 호세 오르테가 이 가세트가 제창한 **개인이란 '개인과 개인의 환경'을 통해서 만들어진다**는 개념을 알면 이해가 쉬울 것이다. 이것은 쉽게 말하면 '나' 또는 '너(타인)'란 과연 1 대 1의 인간이냐는 것이다.

앞의 예에서 개발부의 리더와 대치하는 영업부의 부장을 생각해 보면, 부장의 언동을 만들어 내는 것은 그가 살고 있는 영업부의 매출 지상주의라는 환경이다. 한편 개발부의 리더 또한 품질 지상주의라는 환경 속에서 살고 있으며, 이것이 영업부에 위화감이나 불만 같은 감정을 싹틔우고 있다.

요컨대 앞의 예에서는 이해하기 쉽도록 개인 사이의 회화인 것처럼 이야기를 진행했지만, 부장이라는 개인이 아니라 영업부 전체의 환경에 어떤 각도에서 어떻게 접근할지 해석했을 때 비로소 개입이 가능해진다.

다시 말해 사람은 그 사람이 놓인 개인 관계나 환경 속에서 만들어진 존재인 것이다.

최근에 분야나 업계의 경계를 넘나드는 활동이 주목받는 것도 관계성의 구성을 바꾸기 위한 시도로 이해할 수 있을 것이다. 단순히 개인이 바뀌는 것이 아니라 그 개인이 속해 있는 환경을 바꿈으로써 관계성을 바꾸고 그 결과 개인이 바뀌는 것을 노리는 시도다. 이렇게 생각하면 언뜻 1대 1처럼 생각되는 대화의 프로세스는 사실 관계성에 접근하는 행위임을 알 수 있을 것이다.

따라서 상대를 유심히 관찰하는 것은 상대를 둘러싼 관계성을 이해하는 것을 의미한다. 그리고 그것을 해석해 개입하는 것은 관계성에 개입한다는 진정한 의미다.

✦ 대화를 통해서 '반(反)취약적'인 조직으로

당신 또는 당신이 소속된 조직은 대화를 통해서 크게 강해질 것이다. 아니, 엄밀히 말하면 '강하다'기보다 반(反)취약적인 조직으로 변화해 갈 터이다.

반취약성(anti-fragility)은 나심 니콜라스 탈레브가 자신의 저서에서 제시한 개념인데, 간단히 말하면 이런저런 문제나 곤란한 상황에 직면할수록 강해지는 성질을 안티프래질, 즉 반취약성이라고 한다.

조직의 내부에서든 외부에서든 예상치 못했던 일은 일어나기 마련이다. 그런 예상치 못한 일이 일어났을 때 대화의 네 가지 프로세스를 의식하면서 사이클을 돌린다면 예상치 못한 일을 겪을수록 강해지는 사람과 조직으로 변화할 수 있게 된다.

조직의 내러티브와 내러티브 사이에 있는 골짜기에 다리를 놓는, 새로운 관계성을 구축하는 프로세스는 꾸준한 노력과 시간이 필요한 작업이다. 그렇다 보니 이런 이야기를 하면 "파괴적 이노베이션이 요구되는 지금 같은 시대에 그런 한가한 짓을 하고 있어도 되는 겁니까?"라는 질문을 받기도 한다. 그러나 파괴적 이노베이션이라는 것도 실제로는 상당히 꾸준한 작업을 반복한 결과물이다. 가령 구글의 전 CEO 에릭 슈미트는 외부에서 구글의 경영진으로 참여해 구글의 애드워즈를 처음 봤을 때 이런 비즈니스가 성립하리라고는 생각하지 않았다고 한다. 그래서 영업 부문의 사람들이 슈미트의 이해를 얻기 위해 다리를 놓는 활동을 열심히 했던 듯하다. 그 결과 슈미트도 이 비즈니스에 가능성이 있음을 깨닫고 경영진으로서 애드워즈의 비즈니스를 강력히 추진했으며, 덕분에 구글은 훗날 마케팅 세계에 혁명을 일으킬 수 있었다.

그런데 만약 영업 부문이나 개발 부문의 사람들이 슈미트가 반대하는 이유를 관찰하고 해석을 통해서 적절한 방책을 궁리한 다음 개입을 실천해 다리를 놓지 않았다면 지금의 구글은 없었을지도 모른다.

뒤에서도 언급하겠지만, 대화는 신규 사업을 개발할 때 중요한 열쇠가 된다. 또한 사업 개발뿐만 아니라 조직의 내부에서 무엇인가 새로운 시도를 하려는 사람도 대화를 통해서 새로운 관계성을 구축해 적응 과제를 극복하는 것이 매우 중요하다고 생각한다.

대화의 좋은 점은 권한이 없는 사람도 시도할 수 있다는 것이다. 나의 전문 분야는 경영 전략론과 조직론의 연구인데, 연구를 통해서 얻은 결과물 중에는 권한이 없으면 실천하기가 어려운 것이 많다. 그러나 대화는 권한이 없어도 자신의 내러티브를 일단 옆으로 치워 놓고 '관찰 – 해석 – 개입'의 사이클을 꾸준히 돌림으로써 실천할 수 있다. 다양한 관점에서 봤을 때 대화의 실천은 유용하면서도 실현성 높은 시도인 것이다.

새로운 현실을 만드는 것이
최고의 비판이다

제2장에서 '상사가 무능해 MBA를 취득하러 온' 회사원의 일화를 소개했다. 그들에게 상사는 '적'이고 회사는 '전쟁터'였다. 그래서 MBA라는 '무기'를 얻어 상사라는 적을 물리치려 한 것이다.

우리는 일을 종종 전쟁에 비유한다. 이것은 굉장히 남성적이고, 용맹하며, 무의식중에 우리의 마음을 사로잡는 힘이 있다. 다만 전쟁과는 다른 것, 예를 들어 '명확히는 결론 낼 수 없는 문제'에 대해서 결단을 내리지 못한다거나 '유연한 관계성'의 구축 또는 '남성적이지 않은 것'의 조직 내 도입을 배척하는 등의 부정적인 효과도 있다. 그 결과 조직의 적응 과제를 만들어내는 원흉이 되기도 하는 것이다. 그러나 일을 전쟁에 비유하는 문화는 기업 사회에 강하게 뿌리를 내리고 있는 까닭에 참으로 골치 아픈 문제다.

나는 연구자이지만, 과거에 몸담고 있었던 대학이 대대적인 조직 개혁을 시작해 교수회가 굉장히 무거운 분위기에 휩싸였던 경험을 한 바 있다. 그런 상황 속에서 내가 느낀 의문은 왜 대학 본부가 '전략'이라는 말을 잔뜩 사용하게 되었느냐는 것이었다. '연구 전략', '지적 재산권 전략', '지역 연계 전략' 등 전략이라는 단어가 난무하는 자료를 보면서 왠지 나 자신이 굉장히 의미 없는, 미미한 존재로서 조직 속에 있다는 느낌을 받았다. 그리고 왠지 '너는 아무 생각도 할 필요 없어.'라며 무시당하는 기분이 들어서 굉장히 불쾌해졌다.

왜 그런 기분이 든 것인지 굉장히 신기한 생각이 들어서 경영학에 이런 것을 연구하는 분야가 있는지 찾아보다 비판적 경영 연구(critical management studies)라는 분야를 발견했다.

이 분야에서는 미셸 푸코나 주디스 버틀러, 위르겐 하버마스 등의 현대 사상을 구사해 조직 속에서 우리의 일상이 어떻게 사회적으로 구성되며 억압받고 있는지 밝혀내는 연구를 하고 있었으며, 그중에는 그 중심적인 언어 장치가 바로 '전략'이라고 언급한 연구도 있었다. 그 연구에 따르면, 전략은 전략을 생각하는 사람과 그것을 실행하는(실행할 것을 요구받는) 사람이라는 지배 관계를 무의식중에 만들어 내기 위한 언어적인 권력 발생 장치라고 설명했다.

이에 크게 공감한 나는 비판적인 연구를 전개하는 연구자가 되고자 유럽의 학회에 참석해서 발표도 하고, 미국에 있는 세계 최대의 경영 학회(Academy of Management)에서도 비판적 경영 연구의 분과에 참가했다. 그러나 다른 여러 사람의 연구를 살펴보고 나 자신도 비판적 연구를 계속하던 어느 날, 갑자기 그런 것이 허무하게 느껴졌다. 분명히 비판적 연구는 이론적으로도 날카로운 지적을 하고 있으며 훌륭한 연구라고 생각하지만, 반면에 아무리 그런 연구를 열심히 한들 현실은 전혀 달라지지 않고 있음을 깨달았기 때문이다.

그때 나는 내게 비판을 넘어서 현실을 바꾸고 싶다는 마음이 있음을 깨닫고 새로운 방향성을 모색했다. 그리고 과거에 읽었던 미국의 저명한 심리학자 케네스 거겐의 책을 연구실에서 우연히 펼친 순간, '바로 이거야!'라고 생각했다.

그 책의 배경에 자리하고 있는 '내러티브 접근'이라는 사상은 거겐 등이 제창한 사회구성주의(social constructionism)라는 사상에 기반을 두고 있다. 사회구성주의란 우리의 상식은 상식을 공유하는 사람들의 커뮤니케이션을 통해서 만들어지며 그 커뮤니케이션을 통해 상식이 재생산된다는 생각이다. '현실은 사회적으로 구성되어 있다.'라는 의미에서 사회구성주의라고 부르게 되었다.

《사회구성주의로의 초대》라는 책에서 거겐은, 무엇인가를 비판하는 이유는 문제를 더 나은 방향으로 바꿔 나가고 싶어서일 터인데 계속 비판에만 머무른다면 비판적 연구가 지향하는 본래의 방향에서 벗어난 것이 아니냐고 지적했다.

그렇다면 문제가 있는 현실을 어떻게 바꿔 나가야 할 것이냐는 점이 쟁점으로 떠오른다. 이와 관련해서 거겐이 주목한 것은 현실의 사회적 구성이었다. 사회적이라는 말을 해석하면 우리의 일상적인 회화에 도달한다. 다시 말해 우리는 일상적인 말을 주고받는 회화를 통해서 현실을 만들어내는 것이다. 그렇다면 이 말이라는 것을 바꿔 나감으로써 현실을 바꿀 수 있지 않겠느냐는 생각을 할 수 있다. 바로 이것이 내러티브 접근의 철학적 의의다.

현실은 사회적으로 구성되어 있으며, 사회의 내용물은 회화다. 그러므로 우리는 무엇을 이야기하느냐에 따라 현실을 아주 조금씩이기는 하지만 바꿔 나갈 수 있을지도 모른다. 이렇게 생각한 나는 경영을 실천하는 장소에서 내러티브 접근을 전개할 방법을 모색하게 되었다. 이 책은 그런 모색 속에서 내 나름대로 실천해 본 하나의 귀결이라고 말할 수 있다.

타인과
일을 한다는 것

제3장

실천1
총론 찬성·각론 반대의
골짜기에 도전한다

대화를 통해서 조직의 문제와 마주하려면 구체적으로 어떻게 해야 할까?

제2장까지는 추상도가 높은 '대화'라는 개념과 그 프로세스를 설명했는데, 강조하고 싶은 점은 대화란 '실천'을 위한 것이라는 사실이다. 상대의 내러티브를 이해하고 상대와 나의 내러티브 사이에 있는 골짜기를 확인하는 것만으로는 그 무엇도 진전되지 않는다. 적응 과제를 해결하기 위해 서로의 내러티브 사이에 있는 골짜기와 마주하고 더 많은 사람을 움직이는 행동, 그 실천이야말로 대화라고 말할 수 있을 것이다.

이 장에서는 조직과 조직의 사이에서 대화를 실천하기 위한 리더십에 관해 생각해 보려 한다.

♦ 총론 찬성, 각론 반대를 극복한다

제일 먼저, 부문과 부문이 대립하는 전형적인 사례로서 신규 사업 개발 부문과 기존 사업부의 대립을 생각해 보겠다.

이 책을 쓰고 있는 현재, 한 대기업이 연말 결산에서 과거 최고이익을 기록했다는 뉴스가 속속 보도되고 있다. 그러나 그런 기업 관계자들의 얼굴이 반드시 밝기만 한 것은 아니다. 그 최고이익이 회사가 신규 사업의 육성에 문제를 끌어안고 있어 '건전한 적자'를 낼 수 있는 사업을 키우고 있지 못한 상태라면 이미 성숙한 수확기의 사업만을 해 단기적으로 수익 상황이 크게 개선된 결과일 뿐이라서 중장기적으로는 큰 위기 상황이 될 것이다.

그런 가운데 많은 기업에서 사장 직할 부서가 이노베이션의 추진을 시도하고 있는데, 하나같이 이노베이션을 추진하는 부서와 기존 사업부가 눈에 보이지 않는 냉랭한 대립 구도를 형성하고 있다는 골치 아픈 문제에 직면하고 있다. 이 **눈에 보이지 않는 대립 구도를 극복하고 이노베이션을 추진하려면 적응 과제를 극복할 것이 요구된다.**

앞에서 '건전한 적자'라는 말을 했는데, 이노베이션을 추진할 때 적응 과제를 발생시키는 주된 구조적 요인 중 하나는 신규 사업이 수익을 확보하기까지 시간이 걸린다는 것이다. 회사의 10년 후를 보장할 사업의 경우, 한동안 적자가 계속되는 것은 경영 전략론의 관점에서 봐도 올바른 상태다. 초기 단계에서는 개발비나 시장 개척을 위한 비용 등이 많이 발생하는 탓에 안정된 고객 기반을 획득해 수익을 얻게 되기까지 필연적으로 시간이 걸릴 수밖에 없는 것이다.

현시점에서 회사의 수익에 공헌하고 있는 사업을 운영하는 사업부장과 그 현장에서 일하는 사람들은 매일 가혹한 일정과 한정된 예산 속에서 비용을 의식하며 사업을 운영할 것을 요구받는다. 기존 사업에 관여하는 사람들로서는 신규 사업 개발, 특히 새로운 분야의 사업을 개발하는 사람들을 볼 때마다 '우리는 이익을 내려고 허리띠를 졸라매고 일하는데, 저 양반들은 매년 적자를 내면서도 팔자 좋게 재미있어 보이는 일을 하고 있네.'라는 생각이 들기 마련이다.

물론 그런 기존 사업부의 사람들도 신규 사업의 개발에 반대하는 것은 절대 아니다. 그러나 자신들이 일하는 현장은 가혹한 상황에 놓여 있는 것도 사실이다. 그래서 **총론 찬성, 각론 반대**와 같은 상황이 되어버린다. 이렇게 되면 신규 사업을 개발하는 부서의 사람이 연계를 요청해도 "그런 성과가 날지 안 날지도 알 수 없는 것에 이쪽의 인력과 시간을 할애할 수는 없습니다."라며 거부하거나 "그 아이디어가 정말로 고객에게 도움이 되리라고는 생각되지 않네요."라며 고객을 소개해 주지 않는 등 냉담하게 대응하는 경우가 있다.

또한 신규 사업 개발 부문의 부장급도 간부 회의나 임원회 등에 참석했을 때 "그래서 언제쯤 성과가 가시화될 것 같습니까?"라고 압박을 받는다거나, 1년 차는 넘어가도 2년 차부터는 예산이 삭감되고 3년 차에는 부서가 해체되는 일이 실제로 일어난다.

기존 사업의 사업부장이나 임원도 딱히 이노베이션을 싫어하지는 않으며, 그런 것이 필요함은 알고 있다. 다만 역시 자신들의 코가 석 자라는 것이 문제다. 제일선의 인원을 빼앗기고 예산과 달성 목표를 엄

격히 감독받는 상황에서 웃는 얼굴만 보여주기는 어려운 것이다. 여기에도 총론 찬성, 각론 반대가 있다.

이런 상황에 빠지면 당연히 다음 세대를 짊어질 신규 사업의 개발을 추진하기는 어려워진다. 오랜 시간이 걸리며 결과가 어떨지도 알 수 없는 신규 사업 개발은 피하고 간단히 성과를 낼 수 있는 견실한 사업을 개발하고 싶어지는 것이다.

그러나 이래서는 그 부문을 만든 의미가 크게 퇴색된다. 게다가 큰 그림을 그리고 있는 사장은 더 도전해 보라고 계속 재촉한다. 앞에서 사장의 리더십이 중요하다고 말했지만, 그렇다고 해서 사장 혼자 회사를 움직이는 것은 아니며 사장이 사업부 사이의 냉전에 일일이 개입하는 것도 현실적이지 못하다.

상부의 압력이나 기존 사업과의 알력 사이에서 이러지도 저러지도 못하는 모습을 수많은 회사에서 봐 왔다. 대화를 통해 회사의 내부에서 '새로운 관계성'을 구축함으로써 총론 찬성, 각론 반대라는 극심한 '괴리형' 적응 과제를 해결해 나가려면 어떻게 해야 할까?

◆ 공통의 성과를 설정한다

기존 사업부가 신규 사업 개발 부문을 냉담한 시선으로 바라보고 있을 경우, 다른 사업부에서 아무리 "본래 신규 사업은 성과를 내기 어려워.”라고 정론을 말한들 설득하기는 쉬운 일이 아니다. 분명히 이쪽의 내러티브가 정론이고 경영 전략론의 관점에서도 옳기는 하지만, 기존 사업부로서도 그렇다 한들 자신들이 고생하고 있다는 사실은 변하지 않기에 서로 평행선을 달릴 수밖에 없다. 이렇게 해서 생겨난 내러티브의 골짜기에 어떻게 다리를 놓을 수 있을까?

일단은 철저한 준비를 거쳐서 '관찰 – 해석 – 개입'의 사이클을 돌릴 필요가 있는데, 먼저 준비 단계로서 자신들의 과제나 미션 같은 내러티브를 옆으로 치워 놓고 회사의 내부를 유심히 둘러본다. 주변 사람들도 이노베이션을 추진할 필요가 있다는 정론을 이해하지 못하는 것이 아닌데 그들을 '이노베이션 추진에 비협조적인 사람들'로 해석하는 자신의 내러티브를 일단 옆으로 치워 볼 필요가 있는 것이다. 그러면 그들이 왜 비협조적이 되었는지 상대의 내러티브를 관찰할 준비가 갖춰진다. 그런 다음 기존 사업부를 비롯한 이해관계자들의 언동을 통해 그들이 잠재적으로 곤란을 겪고 있는 부분, 눈에 보이지 않는 문제를 유심히 '관찰'한다.

이번과 같은 '괴리형' 과제의 경우, 서로의 이해가 대립하는 성과를 설정하지 말고 어떻게든 쌍방에 의미가 있는 성과를 설정하면 '새로운 관계성'을 구축할 수 있는 경우가 많다. 요컨대 캐시카우인 기존 사업부의 과제에 대해서 재무적인 성과 이외의 유효한 해결책을 제공하는 위치에 자신들을 둘 수 있다면 골짜기에 다리를 놓을 가능성이 생기는 것이다.

어느 제조 기업의 신규 사업부에서 새로운 사업을 시작하려 했을 때, 주위에서는 **'성공하지 못할지도 모르는데 왜 이렇게 시간과 인력을 투자하는 거야?'**라는 의문스러운 시선을 보냈다. 앞에서 언급한 총론 찬성, 각론 반대의 냉전이 시작되려 하고 있었던 것이다.

이때, 신규 사업부 부장은 회사에 반드시 필요한 신규 사업이라는 정론을 아무리 들이민들 상황을 크게 진전시키기 어렵다는 사실을 깨달았다. 그래서 정론으로 싸우는 것이 아니라 자신의 내러티브를 일단 옆으로 치우고 기존 사업부와 경영진을 유심히 관찰하기 시작했다. 기존 사업부가 해결하지 못하고 있는 곤란한 문제를 찾아내고, 다른 사업부가 자신들에게 무엇을 기대하며 잠재적으로 무엇을 원하는지에 관해서도 유심히 관찰했다. 그리고 관찰을 통해서 알게 된 사실을 바탕으로 상대의 내러티브 속에 자신들의 역할을 만들어낼 여지가 있음을 발견하고 구체적인 개입을 진행했다. 그럼으로써 대기업에서 신규 사업 개발을 진행할 때 발생하는 적응 과제를 극복하기 위한 대화의 길을 만들어 나간 것이다.

그는 대화가 주가 되는 실천 속에서 신규 사업부의 또 다른 역할을 발견할 수 있었다. 기존 사업부와 긴밀하게 커뮤니케이션을 하는 가운데 선발대로서 시험적으로 겪은 실패에 관한 정보를 적극적으로 제공하는 정보기관 같은 역할이다.

이것은 새로운 정보를 얻는 가운데 중기적으로 직면할지 모르는 리스크를 회피할 수 있다는 의미에서 기존 사업부에 틀림없이 큰 도움이 된다. 또한 기존 사업부의 내부에서는 좀처럼 신경 쓰기 어려운 인재 육성을 대신 담당하고 다른 사업부에서 시도하기에는 부담스러운 사업의 실험을 대신 떠맡는 등, 반드시 당장 성과를 낼 수 있다고는 장담할 수 없는 상황 속에서 사내에 새로운 것을 가져다주는 역할을 철저히 수행했다.

요컨대 신규 사업으로서 성공한다면 재무적인 성과이고, 재무적인 성과가 없더라도 사업 전개에 필요한 정보를 회사에 빠르게 제공하는 유용한 정보원이 된다. 다만 중요한 점은 반드시 **새로운 시도를 담았다는 것**이다. 기존의 연장선상이 아니라 기술이든 파트너든 생산 방법이든 반드시 회사로서는 새로운 무엇인가를 시도함으로써 실험실로서 확실한 지위를 구축했다. 이런 대담한 활동을 할 수 있었던 것도 신규 사업부가 회사에 유용한 역할을 명쾌히 제시하는 가운데 기존 사업부와 새로운 관계성을 만든 덕분이었다.

회사 내에서 장기적으로 기존의 사업부를 돕는 역할을 더욱 확립할 수 있다면 다양한 실험을 하는 가운데 더 많은 예산을 배정받아 대대적으로 신규 사업 개발에 힘쓸 수 있게 될 것이다. 이것이 회사에도 굉장히 좋은 일임은 말할 필요도 없다.

이런 대화적인 실천을 통해서 첫 번째 다리가 놓임에 따라, 신규 사업부의 활동이 기존 사업부의 활동과는 또 다른 역할이 있음을 인정받게 되었다.

항상 관찰하기를 게을리하지 말자. 그러면 내러티브의 골짜기에 계속해서 다리를 놓을 수 있게 되며, 그 결과 회사에 더욱 의미 있는 활동을 할 수 있게 되는 동시에 주위의 사업부나 부문과 양호한 관계를 구축할 수 있을 것이다.

♦ 검증이 두 번째 사이클의 대화로 이어지는 열쇠가 된다

이 일화에는 대화의 관점에서 주목해야 할 포인트가 몇 가지 있다. 다시 한 번 '준비 – 관찰 – 해석 – 개입'의 프로세스를 따라가면서 그 포인트들을 살펴보자.

1. **준비**: 상대를 문제 있는 존재가 아니라 다른 내러티브 속에서 의미 있는 존재로 인정한다
2. **관찰**: 상대의 배후에 있는 과제가 무엇인지 안다
3. **해석**: 상대에게 의미 있는 시도가 무엇일지 생각한다
4. **개입**: 상대의 눈에 보이지 않는 문제에 도전해 가려운 곳을 긁어 주는 존재가 된다

먼저, 대화의 '준비' 단계에서 정론을 옆으로 치워 놓았다. 혹시 사장이 전폭적으로 밀어 주고 있으니 그런 것을 생각할 필요는 없다고 생각하는 사람도 있을지 모르는데, 그것은 짧은 생각이다. 사장이 전폭

적으로 밀어 준다는 것은 오히려 커다란 리스크임을 이해할 필요가 있다. 다른 부문의 질시를 받기 때문이다.

누구나 다른 누군가가 실패하면 "그것 봐라. 내가 뭐랬어?"라고 말하고 싶어지는 심리가 있다. 이것은 새로운 도전을 하는 사람을 싫어해서가 아니라, 지금 자신이 일을 하면서 눈에 보이지 않는 이런저런 문제로 고통받고 있기 때문이다.

다음으로, '관찰'의 단계에서는 자신들의 활동이 이해관계자 중에서도 특히 기존 사업부의 부장이나 임원들의 눈에 어떻게 보이는지 이해했다. 총론 찬성, 각론 반대 속에서 살아남으려면 이것은 필수다.

또한 '해석'의 단계에서는 기존의 사업 부문이 잠재적으로 어떤 곤란한 문제를 안고 있는지 이해했다. 새로운 시도에는 실패할 위험성이 따르기에 기존의 사업부로서는 그 리스크를 줄이지 않고서는 새로운 시도를 하기가 어렵다는 점이라든가 실험적인 시도를 할 여유가 없다는 문제 등, 눈에 보이지 않는 문제에 적절히 접근했다. 그리고 이를 통해 자신들이 하는 일을 기존 사업 부문에나 회사에나 의미가 있는 것으로 만들었다.

그리고 마지막으로 '개입' 단계에서 구체적인 시책을 실천하게 되는데, 관찰과 해석을 충실히 했다면 **'개입'의 단계에서 해야 할 일은 '검증'**이라고 말할 수 있다. 대담하게 실행하다 보면 예상과는 다른 결과가 나올 위험성도 있다. 그러나 애자일 개발(먼저 빠르게 작은 결과물을 만들어 사용자에게 제공하고 피드백을 받아서 다시 수정해 제공하는 사이클을 빠르게 돌리는 방식 – 옮긴이)이 무계획적인 개발이 아니듯이, 왜 의도와 다른 결과가 나왔는지 검증하면 좋은 관찰(즉 두 번째 사이클의 대화)로 이어진다.

다시 말해, 신규 사업을 개발하거나 실패 정보를 공유하면서 다리를 놓고 실천해 나가는 가운데 인재 육성의 가능성이나 사업 아이디어의 실현 등이 이루어진다.

이것은 제2장에서 이야기한, 다리를 놓은 결과 새로운 시야가 열린 단계라고 말할 수 있을 것이다.

✦ 자신의 맥락에 타인을 초대한다

그 밖에도 회사 내부에서는 영업 부문과 법무 부문의 대립이라든가 사업 부문과 정보 보안 부문의 대립, 신규 사업 개발 부문과 인사 부문의 대립 등 간접 부문 사이에서 책무의 '대립형' 적응 과제가 종종 발생한다.

급성장하고 있던 한 제조업 회사에서 계약 관련 검토를 하는 법무 부문이 큰 문제로 고민하고 있었다. 그 회사는 신제품이 히트해 급성장하고 있었기에 영업 담당자도 하루가 다르게 증원되는 상황이었다. 그렇게 새로 증원된 영업 담당자들은 잔뜩 계약을 따 왔는데, 회사로서는 문제가 있는 내용의 계약인 경우가 많았다. 이런 일이 빈발하다 보니 현재의 인원으로는 뒷수습에 애를 먹고 있었던 것이다.

이럴 경우는 사내에 규칙을 늘리고 "이런 것을 반드시 합시다.", "이런 것은 절대 하지 맙시다."라고 철저히 교육하는 식으로 대처할 때가 많으며, 이것은 이것대로 의미가 있다고 할 수 있다. 그러나 일손이 부족한 가운데 급성장하는 기업의 경우, 계속 늘어나는 영업 담당자들에게 그런 규칙을 침투시키는 것은 사실상 불가능에 가깝다.

이럴 때도 대화의 프로세스가 효과적이다.

먼저 준비 단계로서, '내용에 문제가 있는 계약을 따 올 위험성을 생각하지 못하는 영업 담당자'라는 해석을 일단 옆으로 치워 놓고 왜 그런 일이 일어나는지 관찰한다. 그러자 채용되고 곧바로 영업부에 배속되면 어떻게든 계약을 따내서 실적을 높이려는 의식이 앞선다는 사실이 보이게 되었다. 이것은 영업 부문의 내러티브에서는 일리가 있는 생각이다. 새로 입사한 회사에서 빠르게 자신을 인정받고 싶은 마음도 있을 터이고, 회사의 성장에 뒤처져서는 안 된다는 초조함 혹은 의욕도 있을 것이다. 그렇다 보니 경험이 부족할 때는 계약 내용을 제대로 검토하지 못하는 경우가 있는 것도 어떤 의미에서 어쩔 수 없는 일이었다.

그런 내러티브 속에 있는 사람에게 "좀 더 계약 내용을 철저히 검토하시오."라고 아무리 귀에 못이 박히도록 말한들 '지금의 내게는 그런 것보다 실적을 높이는 게 더 중요해.'라는 현장의 내러티브가 우선되는 것은 필연일지도 모른다. 계약 내용이 중요하다는 것을 머리로는 이해하지만, 계약 내용을 꼼꼼하게 검토한다고 해서 자신의 실적이 높아지지는 않기 때문이다. 오히려 '열심히 노력하고 있는 사람한테 그런 사소한 걸로 딴죽 걸지 말라고.' 정도로 생각할 가능성도 있다. 계약서를 검토하는 부문으로서는 '계약서 하나도 제대로 쓸 줄 모르는 건가?'라는 생각에 화가 나겠지만, 아무리 그런 말을 한들 상대의 내러티브 속에서 그것은 중요한 일이 아니기에 골짜기 건너편에는 목소리가 닿지 않는다.

그런 관찰 결과를 바탕으로 법무 담당이 회사에서 실천한 방법은 영업 담당자가 법무 부문의 내러티브 속으로 들어와 보게 하는 것이었다. 구체적으로는 새로 영업 부문에 들어오는 사람들에게 연수를 실시해, 영업 담당자로서 일하기에 앞서 계약서류에 문제가 없는지 검토하는 일을 해 보게 한 것이다.

채용하면 제일 먼저 계약서류를 검토하는 일을 시켜서 이런 점에 주의하지 않으면 검토하는 쪽이 어떤 수정을 해야 하는지 이해시킨다. 이를 통해 그것이 영업의 성과를 회사의 성과로 연결시키는 데 어떤 의미가 있는지 실감하고, 자신과 다른 처지의 내러티브 속에서는 자신이 하는 일이 어떻게 보이는지 알게 된다. 다시 말해 일단 반대쪽의 내러티브 속에 들어가게 해 그곳에서 자신의 내러티브를 바라보게 하는 시도였던 것이다.

이것은 도요타 생산 방식 등에서도 볼 수 있는 다능공화라는 시도의 가치 중 하나이기도 하다. 자신보다 후공정을 담당해 보면 자신의 공정에서 한 일이 후공정에 어떤 영향을 끼치는지 알 수 있다. 그러면 앞의 공정으로 돌아간 뒤에도 자신이 하는 일을 바라보는 시각이 완전히 달라지며, 일에 몰두하는 자세도 달라진다.

내러티브가 다르면 당연히 옳다고 생각하는 것도 다르다. 따라서 상대의 상황을 하루아침에 바꾸는 것은 불가능함을 인식하고 이쪽을 이해해 주는 사람을 조금씩 늘려 나가야 한다. 이를 위한 방책이 연수를 겸해서 함께 계약서를 검토하는 것이었다고 말할 수 있으리라. 게다가 계약서를 검토하는 인원도 확보할 수 있어 일석이조였다.

♦ 무엇이 상대에게 도움이 되는가?

이 일화에서 중요한 포인트는 먼저 준비 단계에서 '이쪽의 규칙을 지키지 않는 현장'이라는 흔히 볼 수 있는 내러티브를 옆으로 치워 놓은 것이라고 말할 수 있다. 또한 관찰하는 과정에서 상대를 무리하게 바꾸려 하지 않고 왜 상대가 문제 있는 행동을 하는지(할 가능성이 있는지) 충분히 이해한 다음 행동에 나선 점도 포인트다.

규칙을 지키는 데 관심을 갖게 하는 것은 업무에 직접적으로 공헌하지 않는 까닭에 상당히 어려운 일인 것이 사실이다. 그러나 그것을 "본래 이렇게 해야 하는 거야!"라고 주장해서는 개선으로 연결하기 어렵다. 상대에게도 상대 나름의 논리가 있으며, 또한 이쪽의 요망을 그대로 밀어붙이면 서로 충돌해 상처만 생길 뿐이기 때문이다.

요컨대 왜 상대가 그런 문제 있는 행동을 하는지 그 구도를 이해할 필요가 있으며, 무엇을 이해하지 못하는지 알려고 하는 것이 중요하다. 무엇을 이해하지 못하는지 확인하는 것이 무엇보다 중요한 첫걸음임을 알 수 있는 일화라고 생각한다.

또한 상대가 안고 있는 눈에 보이지 않는 문제를 해결하기 위해 관찰을 통해서 알게 된 것을 해석하고 구체적인 시책을 계획하는 해석 단계에서는 상대에게도 의미 있으면서 실행 가능한 시책을 궁리하는 것이 중요하다.

아주 쉽게 말하면, 자신에게 도움이 되지 않는 일을 기꺼이 받아 주려 하는 사람은 없다. 이것은 의식이 높다든가 낮다든가 하는 차원의 문제가 아니다. 의식이 높은 사람일수록 잘 받아 준다고 느꼈다면 그것은 사실 의식이 높은 사람의 니즈를 충족했기 때문이다. 물론 그때 의식이 낮은 사람의 니즈는 무시당했을 것이다.

무엇이 상대에게 도움이 되는가? 상대가 잠재적으로 어떤 곤란을 겪고 있는가? 내러티브의 골짜기에 다리를 놓으려면 이 두 가지를 잘 이해하고 구체적인 시책까지 전개해야 한다. 이 점을 궁리하는 것이 중요하다고 말할 수 있다.

부문 사이의 대립은 해결하기 어렵게 느껴지는 문제이지만, 이처럼 대화를 통해서 협력적인 관계로 바꿔 나갈 수 있다.

내가 편향되었다는 사실과
마주하는 것

새로운 사업 기회가 있음을 깨닫고 그것을 구체화하고자 회사에 제안한다든가 사업 이외의 어떤 새로운 것을 제안했지만 반려당하는 일은 아주 흔하게 일어나는데, 그럴 때 생각해야 할 점이 있다. 반려한 상대를 필요 이상으로 나쁘게 생각하지 않는 편이 좋다는 것이다. 또한 회사의 사업 전략과 정합성이 있느냐는 관점에서 자신의 제안을 다시 한 번 이해해 보면 더욱 적절한 제안을 할 수 있게 될지도 모른다.

근본적으로 중요한 점은 자신이 새로 하려고 하는 일이 어떤 형태로 회사의 사업에 공헌할지를 분명하게 생각한 다음 윗사람에게 제안하는 것이다. 이 점을 간과해서는 지속 가능성이 없기 때문이다. 기업은 자본주의 사회 속에서 사업이라는 방법을 통해 사회에 공헌하는 존재다. 그리고 사업이라는 방법은 수익을 낼 때 비로소 지속 가능성을 확보할 수 있다. 이것은 매우 중요한 포인트다.

물론 언제까지나 회사가 시키는 대로 일하기만 하면 된다는 말은 아니다. 그것은 한정된 인생의 시간을 낭비하는 행동일 것이다. 그런 말이 아니라, 조금씩이라도 회사에 변화를 가져다줄 수 있도록 신뢰를 얻기 위한 준비를 게을리하지 않는 것이 중요하다는 이야기다.

반대로 사업에 확실히 공헌할 길이 보이지 않는 제안은 회사의 돈을 써서 취미 생활을 한다고 해석될 위험성이 크다. 실제로 그렇게밖에 보이지 않는 경우도 적지 않다. 그런 것은 조만간 들통이 날 수밖에 없다. 그럴 경우 언젠가 신뢰를 잃어 누구도 상대해 주지 않게 되며, 결국 아무것도 할 수 없는 곳으로 쫓겨날 것이다. 이것은 매우 불행한 일이다.

사업에 어떻게 공헌할지 곰곰이 생각하지도 않고서는 "회사가, 상사가 나를 도와주지 않아."라며 무작정 회사를 비판하는 모습을 종종 본다. 그런 사람의 눈에는 아마도 상사나 회사의 방침이 편향된 것처럼 보일 것이다. 그러나 상사의 눈에는 그 사람이 편향되어 보일 터이다.

원리적으로 생각해 봐도 이 세상에 중립적인 사람은 존재하지 않는다. 우리 모두는 각자의 내러티브를 갖고 살아간다는 의미에서 편향된 존재다.

그렇다면 먼저 자신이 편향되었음을 인정해야 한다. 안 그러면 타인의 편향을 받아들이기 어려울 것이다. 타인의 편향이란 내러티브의 괴리를 의미한다. 자신이 편향되었음을 인정하면 때때로 자신은 좋은 일을 하고 있다고 생각했는데 실제로는 회사의 미래에 아무런 공헌도 하지 못했을지 모른다는 사실을 깨닫게 될지도 모른다.

그리고 그런 자신이 비참하게 느껴질지도 모른다. 그러나 프랑스의 철학자인 블레즈 파스칼은《팡세》의 397에서 이렇게 말했다.

인간은 자신의 비참함을 알고 있다는 점에서 위대하다.
수목은 자신의 비참함을 알지 못한다.
그러므로 자신의 비참함을 아는 것은 비참한 일이지만,
인간이 비참함을 아는 것은 위대한 일인 것이다.

자신이 편향되었음을 인정하고 대화를 실천해 나가는 것은 자신의 비참함까지도 받아들이면서 무엇인가를 만들어 내려 하는 매우 위대한 행위인 것이다.

　이것이 가능해지는 순간, 우리는 비로소 골짜기를 벗어나 타인과 진정한 만남을 가질 수 있다. 자신의 불완전함을 아는 사람만이 타인의 불완전함을 온전히 받아들일 수 있기 때문이다. 그리고 이러한 상호 인정과 이해의 과정 속에서 우리는 혼자가 아니라는 것을 깨닫는다. 우리 모두가 각자의 좁은 내러티브 안에서 살아가고 있다는 바로 그 사실이, 역설적으로 우리를 더욱 깊이 연결시켜 주는 것이다.

제4장

실천 2
정론이 닿지 않는
골짜기에 다리를 놓는다

이 장에서는 같은 조직 속에서 사람과 사람 사이에 생기기 쉬운 골짜기를 살펴보려 한다.

영리 목적의 조직에 소속되어 있는 사람이 중책을 맡았다면 다른 멤버와 같은 내러티브 속에서 살기는 어려울 것이다. 조직 내에서 매니저나 리더 같은 역할을 맡으면 자연스럽게 권한·힘을 지니게 된다. 이런 상황 속에서는 하고 싶은 말을 하지 않는 '억압형', 도망치거나 행동을 바꿔치는 '회피형' 같은 현상이 일어나기 쉽다.

♦ 상사에게서 부하에게로 연쇄되는 적응 과제

이것은 한 제조 기업의 본사 인사부에서 일하는 젊은 사원의 사례다.

그는 자신이 하고 있는 일에 관해서 적극적으로 공부하는 매우 열정적인 사원으로, 회사에서도 인사 측면에서 조직을 개혁해 주리라는 기대를 받고 있었다. 그런 그는 인사 관련 업무의 일부에 IT를 도입해 간

소화하면 어떻겠느냐고 상사에게 제안했다. 그렇게 하면 업무량도 크게 줄일 수 있기에 회사에 이익이 되리라고 생각한 것이다. 그러나 직속 상사는 그가 기껏 열심히 궁리해서 내놓은 제안에 대해 "으음, 그렇단 말이지……."라고 중얼거릴 뿐 딱히 찬성도 반대도 하지 않았고, 결국 제안은 흐지부지되고 말았다.

회사에 이익이 되리라는 생각에서 내놓은 새로운 제안에 대해 딱히 움직여 주지 않고 보류만 하거나 전례가 없다며 거부하는 상사를 대체 어떻게 상대해야 할까?

목표는 상사가 '그래, 해 보자!'라고 판단할 수 있는 상황을 만드는 것이다.

이를 위해서는 상사가 무엇을 알아야 그렇게 말할지, 상사의 내러티브를 확실히 파악해야 한다. 먼저 준비 단계로서, 자신의 제안은 좋은 내용인데 왜 상사가 그런 좋은 제안을 받아들여 주지 않느냐며 불신감을 품는 내러티브를 일단 옆으로 치워 놓는다. 좋은 제안이라는 것은 어디까지나 자신의 내러티브 속에서의 이야기일 뿐이며, 상사의 내러티브와 자신의 내러티브 사이에는 골짜기가 존재함을 먼저 인식할 필요가 있다.

상사가 판단을 내리지 못하는 데는 어떤 이유가 있을 터이다. 그것을 이해하지 못하면 다리를 놓을 수 없다.

젊은 사원인 그는 상사와 대화를 나누면서 관찰해 봤다. 그랬더니 상사보다 한 단계 위의 상사(본부장)가 최근에 외부의 기업에서 온 사람인데, 그 사람이 회사의 기존 관습을 개혁해야 한다고 강하게 주장하고 있다는 사실을 알게 되었다. 그 때문에 직속 상사도 어떻게 움직여야 할지 갈피를 잡지 못하는 상황이어서, 설령 좋은 제안이라고 생각한들 움직이고 싶어도 움직일 수가 없는 것이다. 다시 말해 그 상사는 하고 싶은 말을 하지 못하는 '억압형'의 적응 과제에 직면한 상태였다.

그렇다면 다음 단계는 해석이다. 그는 관찰을 통해서 보인 사실을 바탕으로 직속 상사가 움직일 수 있게 하려면 어떻게 해야 할지 생각했다. 외부에서 온 본부장에게 직접 제안해 의견을 들으면 직속 상사가 판단하기 쉬워지지 않을까? 이것으로 개입의 계획이 정리되었다.

그는 개입 단계로서 본부장과의 접점을 늘려 나갔다. 무엇인가 새로운 개혁에 착수하고 싶을 때는 일단 본부장에게 비공식적으로 의향을 확인한 다음 부장에게 제안하는 방법을 사용한 것이다. 그랬더니 상사가 이런저런 제안을 받아들이고 실행해 주게 되었다.

이번 사례는 일이 잘 풀린 경우인데, 물론 실제로 개입해 봤지만 별 성과가 없는 경우도 있다. 그럴 때는 일단 상사의 내러티브에 대한 '관찰 – 해석 – 개입'을 반복해 나가야 할 것이다.

♦   **허심탄회해질 수 있는**
　　 장소를 설정한다

대화를 훌륭히 실천해서 성공한 또 다른 사례를 소개하겠다.

그는 어느 보수적인 서비스업 회사에서 새로운 서비스를 개발하거나 업무 방식을 궁리하는 부문에 소속되어 있었다. 그전부터 콜센터 설치 등의 지시를 훌륭히 수행해 와서, 회사 내에서는 '그에게 새로운 일을 맡기면 반드시 성과를 내 줄 것'이라며 그를 신뢰하고 있었다. 그러나 인터넷을 이용한 새로운 서비스에 관해서는 회사로서도 경험이 없기에 무작정 제안을 밀어붙이기가 쉽지 않은 상황이었다. 게다가 직속 상사는 가능성보다 리스크를 더 신경 쓰는 유형이어서, 정공법을 사용한들 문제점만을 지적하며 결국 행동에 나서지 않을 가능성이 컸다.

그래서 그는 관계자인 직속 상사와 그 상사의 상사인 부부장, 그리고 그 상사인 부장을 대상으로 인터넷을 이용한 고객 서비스에 관한 강습회를 열었다. 다만 이때 그는 일방적으로 강의하지 않고 인터넷을 이용해 보면서 어떻게 해야 고객 서비스의 향상에 공헌할 수 있을지, 사업 전략과는 어떤 관계가 될지 등을 함께 공부했다. 다시 말해 **서로의 내러티브를 공개하는 허심탄회한 장소**로 만든 것이다. 그리고 몇 차례의 강습회를 통해 새로운 기술을 이용한 서비스에 대한 이해를 함께 공유하는 데 성공했다.

여기에서의 포인트는 강습회에 직속 상사뿐만 아니라 상사의 상사, 나아가 그 상사까지 참가시킨 것이다. 직속 상사는 부하가 자신보다 이것저것 아는 것이 많으면 부하를 위협으로 느낄 가능성도 충분히 있기에 필요 이상으로 의견을 묻기 힘들 수 있을 것이다. 그래서 좀 더 의견을 들어 줄 상대로서 부부장을 강습회에 함께 참가시켰다. 자신의 편이 되어 줄 것이라고 해서 다짜고짜 직속 상사를 건너뛰고 이야기를 진행하려 하면 부서를 통솔해야 하는 위치인 직속 상사는 자신이 모르는 곳에서 일이 진행될지 모른다는 위험성을 느낄 터이기 때문이다. 요컨대 의도적으로 '강습회'라는 허심탄회한 장소를 만든 것은 평소에 조직 속을 유심히 관찰한 결과를 바탕으로 한 용의주도하고 효과적인 방법이었다고 말할 수 있지 않을까 싶다.

강습회가 끝난 뒤, 그는 강습회에 참가했던 부장에게 면담을 요청해 새로운 서비스를 제안했다고 한다. 이에 부장은 "우리 회사의 고객은 대부분이 고령자인데, 그분들이 정말로 인터넷을 사용할까?"라고 물었다. 그러나 관찰을 통해서 이 질문이 나올 것을 예상했던 그는 이미 근거를 준비해 놓고 있었다. 예전에 개발했던 콜센터의 시스템에 간단히 정보를 입력하는 기능이 있는 것을 활용해서 고객에게 "인터넷을 사용하고 계십니까?"라는 설문을 해 달라고 콜센터에 의뢰해 근거를 확보했던 것이다. 그 결과 부장도 "그런 결과가 나왔는데 아무것도 하지 않는다면 굴러들어 온 기회를 내 발로 걷어차는 셈이 되겠지. 당장 사장님께 말씀드려 보겠네."라며 행동에 나섰고, 즉시 예산을 획득해 새로운 서비스를 전개하게 되었다.

이 일화를 대화라는 관점에서 간단히 정리해 보자.

그는 과거의 경험을 통해서 자신의 내러티브를 무작정 밀어붙인들 성공하기 어려움을 깨닫고 있었기에 준비 단계는 이미 마친 상태였다고 말할 수 있을 것이다. 만약 준비 단계를 거치지 않은 사람이라면 '이 새로운 아이디어는 틀림없이 회사에 이익이 될 텐데, 상사는 대체 왜 반대하는 거지?'라고 생각했을지도 모른다.

다음으로, 강습회를 개최한 것은 관찰한다는 관점에서 매우 효과적인 방법이라고 말할 수 있다. 먼저, 강습회를 연다는 것에 대한 반응을 통해 상사들의 내러티브를 관찰할 수 있다. 실제로 세 명 중 직속 상사는 이런저런 이유를 대면서 강습회에 참가하지 않았다. 이런 사실에서도 만약 직속 상사에게 직접 제안했다면 일이 원활히 진행되지 못했을 가능성이 크다고 생각할 수 있다.

아울러 강습회에서의 발언도 관찰 대상으로서 매우 유용하다. 다른 두 상사의 발언을 통해서 그들이 무엇을 모르는지, 무엇에 관심이 있는지, 어떤 리스크를 느끼는지, 그리고 상대의 내러티브에서는 자신의 제안이 어떻게 보이는지 등을 관찰하고 해석함으로써 상대의 내러티브를 이해하고 다리를 놓을 포인트를 찾을 수 있었다.

그리고 강습회를 수차례 실시한 것도 좋은 방법이었다고 생각한다. 첫 강습회에서 관찰한 것을 바탕으로 해석을 하고, 개입으로서 두 번째 강습회를 실시하며, 그 개입을 통해서 더 알게 된 것이 다음 강습회를 위한 관찰이 되고, 그 해석을 바탕으로 세 번째 강습회를 실시한다. 이처럼 수차례의 강습회는 '관찰 – 해석 – 개입'의 대화 사이클을 돌리기 위해서도 효과적이었다고 말할 수 있을 것이다.

그리고 이렇게 대화의 사이클을 돌린 뒤, 고객이 새로운 서비스를 이용할 가능성이 크다는 근거를 기반으로 부장과 면담하는 최후의 개입을 실시했다. 물론 이 개입이 실패로 끝났을 경우는 또 다른 방법이나 시점에서 관찰을 할 필요가 있었지만, 이 개입을 통해서 다리를 놓고 서비스의 실시라는 목적을 달성하는 데 성공한 것이다.

◆ 약자가 빠지기 쉬운 '정의'를 경계하라

두 사례를 비교해 보면 알 수 있는 것이 몇 가지 있다.

첫째, 하기 어려운 말을 하지 않는 **'억압형'의 상황일 경우 자신의 내러티브에 입각한 정론은 거의 도움이 되지 않는다.** 상대와의 사이에 다리를 놓고자 노력하지 않으면 일은 진전되지 않는다.

다리를 놓는 작업은 이쪽만의 정론이 아니라 **양쪽 모두의 정론을 만들어 나가는 작업**이라고 할 수 있다. 이렇게 말하면 '상대하고 타협안을 만들라는 말인가?'라고 생각하는 사람도 있을지 모르는데, 절대로 그런 이야기가 아니다. 타협이란 이쪽의 요구를 일단 포기하고 상대의 요구를 받아들인다는 의미다. 제안을 했지만 상사에게 문제점을 지적받자 주눅이 들어서 매우 수비적으로 무난한 제안을 해 버리는 경우가 종종 있는데, 이것은 명백한 타협이며 결국 무엇을 위해 새로운 제안을 한 것인지 알 수 없게 되어 버린다. 그러고는 뒤에서 상사의 험담을 하며 "우리 회사도 대기업병에 걸렸어."라고 투덜댈 것이다.

그러나 **대기업병에 걸린 것은 사실 제안을 타협한 쪽도 마찬가지이며,**

자신도 이에 가담했음을 깨달아야 한다. 상대가 자신의 제안을 좋게 판단하지 않은 것에 대해 상대를 탓하고 싶은 마음은 이해하지만, 이때 자신의 내러티브를 옆으로 치워 놓고 관찰할 수 있느냐 없느냐가 그 사람이 가치 있는 새로운 일을 할 수 있는가 없는가를 가르는 중요한 갈림길이 된다.

대부분의 경우, 상사 또한 이쪽이 깨닫지 못한 리스크를 눈치챘거나 그 제안을 받아들임으로써 어떤 이익이 있는지 등을 자기 나름대로 생각했을 터이다. 다른 내러티브 속에 있기에 다른 시점에서 바라보고 다른 판단을 내리는 것이다. 이것은 상사가 대체 왜 그 판단에 이르렀는지를 유심히 관찰하면 타개책이 보일 가능성이 있다는 의미다.

상대의 내러티브 속으로 한 발 들어가 상사의 처지가 되어 보면 자신 또한 뭐라고 말하기 힘든 상황에 놓일지도 모른다. 이 사실을 받아들인다면 상사를 비난하기보다 제안을 통과시키려면 어떤 포인트에 개입해야 하는지가 눈에 들어올 것이다.

힘이 약한 쪽이 빠지기 쉬운 커다란 함정이 있다. **힘이 강한 사람을 악당으로 취급하는 '약자 특유의 정의의 내러티브'에 빠지기 쉽다**는 것이다. 힘이 약한 쪽은 남 탓을 하면서 도망칠 길이 얼마든지 있다. 그리고 대부분의 경우 아직 젊기에 실패하더라도 재기할 기회가 있다. 게다가 세상에는 그것을 정당화하는 온갖 말들이 나돈다. 최근에는 행동하지 않는 중간 관리직을 '점토층'이라며 야유하는 기사도 많이 볼 수 있듯이, 비난은 얼마든지 할 수 있다. 그러나 자신 또한 언젠가 그 처지가 된다는 사실을 잊어서는 안 된다. 그때 부하의 이야기를 받아들이고 지킬 수 있게 되려면 지금부터 대화를 해서 다리를 놓는 법을 알아 둬야 한다. 이 장의 첫머리에서 소개한 젊은 사원의 사례는 직속 상사가 본부장과의 사이에 다리를 놓지 못했기 때문에 일어난 일이라고도 말할 수 있기 때문이다. 만약 그 상사가 젊은 시절부터 다리를 놓으려고 노력했다면 다른 결과가 나왔을 것이다.

한편, 후자의 성공 사례를 보면 아주 능숙하게 아이디어를 살렸음을 알 수 있다. 무엇보다 먼저 새로운 제안의 의미를 함께 만들었다는 것이 매우 크다. 그 결과, 판단할 수 있는 상황을 훌륭히 만들어 냈다.

다리가 놓이지 않은 상태에서 출발하므로 이쪽의 제안은 당연히 완전한 형태로 상대에게 전해지지 않는다. 상대가 전혀 다르게 해석할 가능성도 있다. 그러므로 먼저 새로운 해석의 틀을 공유하는 시도부터 시작하는 것이 매우 중요하다. 그것이 3회 실시한 '강습회'가 지니는 의미다. 다리가 놓이지 않은 상태에서 일방적으로 설득한들 상대는 좀처럼 받아들이지 않을 가능성이 크다.

먼저 해야 할 일은 냉정하게 다리를 놓는 것이다. 자신이 상대에게 필요 이상의 기대를 품고 있음을 알면 시도해 볼 수 있는 것이 더 있음을 깨달을 수 있을 터이다. 상황이 실제로는 자신의 생각만큼 나쁘지 않은 경우도 있을 것이다.

또한 고객의 목소리를 제대로 이용한 것도 대화의 관점에서 좋았다고 말할 수 있다. 상사들로서는 전례가 없는 시도라면 그것이 성공할지 걱정될 수밖에 없다. 그것을 지나치게 보수적이라며 비난한들 상황은 진전되지 않는다. 그들의 걱정이 무엇인지 유심히 관찰하고 그 걱정을 조금이라도 줄일 수 있도록 노력한 것은 중요한 일이었다고 말할 수 있다.

회사 차원의 사업 전략에 입각해서 새로운 제안을 평가한 것도 대화의 관점에서 의미가 있었다고 생각한다. 말하자면 전략적인 문맥을 만든 것이다. 새로운 제안을 자사의 사업 전략 속에 위치시키면 상사들이 경영진에 제안할 때도 정당성을 확보하기가 용이해진다. 이것은 상사들이 안고 있는 걱정을 유심히 관찰했기에 할 수 있었던 실천일 것이다.

새로운 제안을 하려고 생각하는 쪽은 평소에 사업 전략의 방향성을 확실히 인식해 두는 것이 중요하다. 그 사업 전략의 방향성과 일치하는 제안이라면 상층부로부터 자원을 배분받기가 용이해지기 때문이다. 만약 아이디어가 있더라도 최근의 사업 전략과 방향성이 다를 때는 무리하지 말고 때가 무르익기를 기다리는 것 또한 중요하다.

♦ **연결을 재구축해
고립을 해소한다**

지위가 낮은 사람에게는 상사를 악당으로 만들어 자신을 정당화한다는 탈출구가 있다. 그에 비해 지위가 높은 사람에게는 그런 탈출구가 없다. 그리고 필요 이상으로 자신을 피해자라고 느낀 나머지 멤버들을 신뢰하지 못하게 되는 경우가 있다. 그 결과 조직 개혁을 추진하거나 새로운 시도를 할 때 '내 눈에 보이는 문제점을 부하는 보지 못하니 위기감을 불러일으키자.'며 필요 이상으로 감독하고 가혹한 KPI(핵심 성과 지표)나 목표 관리 시책을 전개하는 모습을 종종 보게 된다.

이런 문제의 원인은 내러티브의 골짜기로 인해서 생겨나는 고립에 있는 것으로 생각된다. 그리고 그 골짜기가 만들어 내는 적응 과제를 대화적으로 해결하려는 노력을 회피하기 때문에 과도한 관리를 하는 것이다.

상사의 경우, 어떤 불만이 있거나 곤란을 겪고 있더라도 사람들이 그것을 좀처럼 알아주지 않는다. 이것이 다양한 시책을 실행코자 외부 컨설턴트를 이용하는 등 일종의 의존증적인 행동을 하게 만드는 요인 중 하나라고 말할 수 있다. 이런 **고립 상태**를 해소하는 것은 물론 조직을 변혁해 나가기 위해서도 중요하지만, 부하나 사원의 이반을 방지한다는 의미에서, 또 지위가 높은 사람들이 자신의 부서나 회사의 문제와 냉정하게 마주하기 위해서도 매우 중요한 일이다.

♦ **종적 연결과
횡적 연결**

그렇다면 '고립 상태'를 해소하기 위해 할 수 있는 일에는 무엇이 있을까? 대화의 사이클을 돌리면서 **종적(상사와 부하)인 연결을 다시 한 번 재구축하는 것, 그리고 횡적(관점이나 처지가 같은 사람)인 연결을 만들어 나가는 것**이 효과적이라고 할 수 있다.

종적인 연결을 생각할 때 중요한 일은 지위가 높은 사람이 하고 있는 일을 공유하는 것이다. 기본적으로 상사가 곤란을 겪고 있는 문제를 공유하기 위해 노력해 보면 좋을 것이다. 상사는 부하보다 뛰어나야 한다는 내러티브를 일단 옆으로 치워 놓고, 자신이 놓인 상황을 부하들이 얼마나 알고 있는지 관찰하는 것이다. 그러면 이런저런 타개책이 보이게 된다.

예를 들어 상사가 일에 쫓겨서 정신없이 바쁜 상황을 생각해 보자. 일이 바빠지는 커다란 요인 중 하나는 부하에게 맡기기보다 자신이 직접 하는 편이 빠르기 때문에 직접 처리해 버리는 상황이 계속된다는 것이다. 그러나 계속 그러면 부하도 성장하지 못하고 자신은 자신대로 바쁜 상황을 벗어나지 못한다.

한 기업에서는 상사가 자신이 담당하는 업무의 목록을 작성한 다음 부서의 멤버들을 모아 놓고 그중에서 해 보고 싶은 업무, 자신이 할 수 있을 것 같은 업무를 고르게 해 분담시켰다. 이 목록 작성과 부하의 선택을 통한 분담은 '준비 – 관찰 – 해석 – 개입'을 단숨에 실시한 것이다. 먼저, 목록을 정리하는 것 자체가 상사는 무엇이든 전부 자신의 힘으로 해결해야 한다는 비즈니스 현장의 상식이 만들어 낸 '상사의 내러티브'를 옆으로 치워 놓는 행동이다. 또한 자신이 직접 업무를 처리해 온 결과 바빠졌을 뿐만 아니라 부하들도 성장하지 못하는 상황이 된 패턴을 바라보는 것이기도 하다. 부서 멤버들의 관계에 대한 좋은 관찰이 되었다고 말할 수 있을 것이다. 게다가 부하가 어떤 업무를 선택했는가도 매우 중요한 관찰이 될 터이다. 왜 그 업무를 선택했는지 생각해 보거나 의외의 관심사가 있음을 깨닫는 계기가 되었다.

나아가 이 행위 자체가 자신 또한 부하들과 마찬가지로 고충을 안고 있는 인간이라는 점에서 서로의 내러티브 사이에 있는 골짜기에 다리를 놓는 개입도 된다. 서로가 고충을 안고 있는 존재라는 점에서 연결을 만들 수 있다면 고립도 조금은 완화되지 않을까? 물론 자신의 업무량을 줄일 수도 있을 것이다. 그 결과 '높은 급여를 받고 있으니 어려운 업무를 처리하는 것은 당연해.'라는 반응이 돌아올지도 모르지만, 그 반응 자체는 멤버와의 신뢰 관계 구축에 과제가 있음을 보여주는 좋은 관찰 재료가 된다.

지금까지 어떤 관계를 구축해 왔는지, 어떤 과제가 있는지 생각할 필요가 있을 것이다. 애초에 조직이란 협동을 통해서 개개인의 한계를 극복하고 더 큰 일을 달성하기 위한 존재다. 그리고 조직을 협동을 위한 시스템으로 재구축하기 위해 무엇보다 중요한 일은 서로의 협동이라는 실천을 다시 한 번 만들어 나가는 것이다. 상하 관계라 해도 이것은 전혀 다르지 않다.

또한 횡적인 연결도 소중히 여겼으면 한다. 일본식 경영론이 세계적으로 높은 평가를 받고 활발히 논의되었던 1980년대에는 종신 고용이 기업 사회의 규범으로 설정되어 있었기에 평생을 한 기업에서 일하는 사원도 많았으며, 지금처럼 경력직 채용이 많지 않았다. 그러나 줄곧 경력직 채용을 하지 않았던 오래된 기업조차도 최근에는 경력직 채용을 시행하게 되었다. 많은 기업에서 동기 입사를 통해 형성되는 회사 내부의 횡적인 연결이 더는 성립하지 않는 세상이 된 것이다. 이에 따라 비슷한 처지이거나 같은 고생을 해 온 사람과 업무에 관해서 의논하기가 어려워진 것이 현실이 아닐까 싶다. 이런 것도 고립감이 깊어진 요인으로 생각된다.

최근에는 SNS 등을 통해 회사의 경계를 넘어서는 교류 활동도 늘어나고 있으며, 이런 활동도 인프라의 측면에서는 좋은 연결이라고 생각한다. 그러나 이런 활동 속에서 형성된 연결은 어디까지나 약한 연결에 머문다. 이런 약한 연결은 그 연결에 가치를 부여하는 강한 연결, 가치를 부여하기 위한 확고한 틀이 있을 때 비로소 기능한다. 요컨대 무작정 연결을 늘린다고 해서 고립이나 과제가 해결되는 것은 아니라는 말이다.

오히려 중요한 것은 그런 **약한 연결을 기능시키기 위한 강한 연결을 착실히 만들어 나가는 일**이라고 말할 수 있다. 이것은 예전처럼 기업 내의 닫힌 연결로 돌아가라는 말이 아니라 새로운 연결, 공동체를 새로 구축하라는 의미다. 가령 경력직 채용이 많은 기업 중에는 같은 계층의 사람끼리 충분한 시간을 들여서 서로의 과제를 공유하고 서로에게 조언하는 제도를 만든 곳도 있는데, 이런 노력은 앞으로 더욱 중요해질 것이라고 말할 수 있다.

또한 기업 간 공동체의 구축도 중요한데, 무엇인가 새로운 시도를 하는 데 중심축을 두는 것이 아니라 자신이 끌어안고 있는 고민을 공유하는 데 중심축을 두는 것이 바람직하다고 말할 수 있다. 평소에 직장에서는 좀처럼 말하기 어려웠던 고충을 이야기함으로써 고립감을 해소할 수 있기 때문이다. 그리고 그 고충에 관해 서로 조언을 주고받는 관계를 구축할 수 있다면 이곳도 자신의 안식처로 활용할 수 있게 될 것이다.

위기에 빠진 기업이
골짜기에서 탈출한 사례

기업의 전략 전환이라는 매우 중대한 적응 과제에 대해 중간 관리직들이 대화를 통해 해결한 하나의 흥미로운 사례를 소개하고자 한다. 인텔이 1980년대에 실시했던 전략 전환의 사례다.

인텔은 본래 DRAM 제조사였는데, 1980년대에 당시 신흥 기업이었던 도시바 등의 맹렬한 추격에 직면해 수익이 급속히 악화되고 있었다. DRAM이 주력 사업이었던 당시의 인텔에 굉장한 위기 상황이었음은 상상하기 어렵지 않다. 그러나 기존 전략을 전환해야 함을 알면서도 좀처럼 실행에 나서지 못한다는 거대한 괴리형 적응 과제가 인텔을 가로막고 있었다.

물론 2026년인 지금 시점에서 보면 AI 수요 폭증으로 DRAM 가격이 급등하고, 메모리 반도체 시장이 슈퍼사이클에 진입하면서 이 결정이 아쉽게 느껴질 수도 있다. 그러나 당시 인텔이 처한 상황의 특수성을 이해해야 한다. 1980년대의 DRAM 시장은 일본 기업들의 대규모 설비 투자로 극심한 가격 경쟁에 빠져 있었고, 오늘날처럼 AI라는 전례 없는 수요가 존재하지 않았다. 시대적 맥락이 전혀 다른 만큼, 당시 경영진이 마주한 적응 과제 자체에 주목해보자.

당시 인텔의 경영자였던 앤디 그로브는 창업자 중 한 명인 고든 무어와 이야기를 나눴다. 그리고 자신들이 주주였다면 틀림없이 DRAM 사업으로부터 철수하라고 요구했을 것이라는 결론에 도달했다. 문제는 주력 사업에서 철수하는 것이 절대 쉬운 일이 아니라는 사실이었다. 애초에 철수 자체가 간단한 일이 아닐뿐더러, 다른 사업의 축이 없다면 회사의 해산을 의미하게 되기 때문이다.

그러나 인텔에는 다른 새로운 사업의 축이 있었다. 바로 CPU 사업이다. 지금은 우리가 사용하는 컴퓨터용 CPU의 대부분이 인텔의 제품인데, 이때 전략의 전환을 단행했기에 지금의 인텔이 존재할 수 있었다. 이를 통해 괴리형 적응 과제를 크게 완화시킬 수 있었던 것이다.

물론 천재 경영자인 그로브는 훗날 '인텔 인사이드' 캠페인이나 윈도우와의 협력을 통해서 인텔을 크게 성장시켰고, 그 결과 인텔은 업계 최고의 CPU 제조사가 된다. 그러나 이것은 1980년대에 CPU 사업으로 전략을 전환했기에 가능했던 일이다.

그런데 왜 인텔의 내부에 CPU라는 새로운 사업의 축이 있었던 것일까? 그로브는《승자의 법칙》에서 이렇게 술회했다.

"가장 중요한 교훈을 말하겠다. 인텔의 사업 내용이 변화해 경영진이 더욱 고도의 메모리 전략을 목표로 논쟁을 벌이며 이 승산 없는 전쟁을 어떻게 싸워 나가야 할지 모색하고 있을 무렵, 우리가 모르는 곳에서 조직의 밑바탕을 지탱하는 사원들은 이미 전략 전환을 실행할 준비를 하고 있었다. 우리가 살아남아 멋진 미래를 손에 넣을 수 있었던 것은 그들 덕분이다." 수년 동안 경영진이 특별한 전략상의 방침에 근거해서 지시한 것이 아니라, 중간 관리직들이 일상에서 내리는 작은 결단을 통해 당시 확대되던 마이크로프로세스 사업에 더 많은 생산 자원을 투입하고 있었다. 생산 계획 담당자와 재무 담당자들은 탁상에 둘러앉아서 생산 자원을 어떻게 배분할지 논의를 계속했고, 그 결과 손실을 내고 있었던 메모리 사업에서 마이크로프로세스라는 이익률이 높은 상품으로 실리콘 웨이퍼 제조 능력을 조금씩 이행시키고 있었다. 그들 같은 중간 관리직이 매일 업무를 처리하면서 인텔의 전략적 자세를 조정하고 있었던 것이다. 그래서 우리가 메모리 사업에서 철수하기로 결정했을 때는 이미 실리콘 웨이퍼 가공 공장 여덟 곳 가운데 메모리용 공장은 고작 한 곳밖에 남아 있지 않았다. 그들의 행동 덕분에 철수 결단이 그다지 심각한 결과를 불러오지 않을 수 있었던 것이다.

그로브의 이 술회는 매우 흥미롭다. 인텔의 전략 전환을 위한 새로운 방향성은 현장의 중간 관리직들이 이미 준비해 놓고 있었으며, 그 덕분에 방향을 전환할 수 있었던 것이다. 천재 경영자로 불리는 그로브조차도 혼자만의 힘으로 인텔의 전략 전환을 완수할 수는 없었다.

요컨대 그로브가 천재 경영자로 불리게 된 판단을 위한 재료는 현장의 중간 관리직들이 준비해 놓은 것이었다. 그리고 CPU를 만들자는 중간 관리직들의 판단을 이끌어낸 것은 현장의 제일선에서 일하는 사람들이 열심히 업무에 몰두하는 가운데 얻은 새로운 사업 기회에 대한 깨달음이었다. 이 깨달음을 중간 관리직들이 착실히 성장시켜 인텔의 성공의 기반을 구축한 것이다.

독자 여러분은 내가 이 구절을 인용한 이유를 이미 이해했을 것이다. 기존 전략의 전환이라는 거대한 괴리형 적응 과제에 대해서도 아래에서 위로 대화를 통해 제안해 나가는 것은 기업의 존망에 가장 중요한, 바드시 필요한 노력이다. 대화를 통해서 조직 속의 내러티브의 골짜기에 다리를 놓음으로써 새로운 아이디어나 사업 기회를 살려 나가는 것은 언젠가 기업에 찾아올 전략 전환의 시기에 매우 귀중한 재산이 된다.

만약 지금 일본의 기업이 쇠퇴하고 있는 것이 사실이라면 이 대화하는 힘, 새로운 아이디어를 살릴 수 있도록 조직의 내러티브의 골짜기에 다리를 놓는 힘이 약해졌기 때문이 아닐까 싶다.

한편으로 다리를 놓는 노력을 게을리해 온 결과 새로운 사업의 개발이 지체되어 그만큼 대기업에 현금이 남아돌고 있는 시대라는 사실도 잊어서는 안 된다. 관점에 따라서는 능숙하게 대화하는 힘을 갈고닦는다면 남아돌고 있는 현금을 활용하면서 커다란 도전을 하는 것도 불가능하지만은 않은 시대라고도 볼 수 있다. 그렇게 생각하면 가슴이 두근거리지 않는가?

대화는 싸우지 않는 싸움에 임하는 것인 동시에, 업무의 의미와 즐거움을 크게 심화하는 것이기도 하다.

타인과
일을 한다는 것

제5장

실천 3
권력이 만들어 내는
골짜기에 도전한다

이 장에서는 매니지먼트를 하는 위치에 있는 사람이 조직의 적응 과제에 대해 어떻게 대화를 실천해 나가야 할지 살펴보도록 하겠다.

경영자라든가 매니저급의 매니지먼트를 하는 사람들은 실적을 높여야 한다는 압박을 받는 한편으로 그것을 실현하는 역할을 하는 현장이 자신의 생각대로 움직여 주지 않는다거나 부하가 성장하지 못하는 등 이런저런 과제에 직면하고 있다. 그리고 발생하는 문제의 대부분은 적응 과제의 분류 중 몇 가지가 복합된 것이다. 매니저나 경영진과 현장 사이에 괴리형이나 대립형의 적응 문제가 많이 발생하리라는 것은 쉽게 상상할 수 있을 터인데, 잠재적으로는 여기에 억압형이나 회피형도 섞여 들어간다. 그래서 해결하기가 매우 어렵다.

이런 과제들에 대해 이 책에서 소개한 대화의 실천을 어떻게 활용할 수 있을지 살펴보자.

♦ 현장은 경영 전략을 실행하기 위한 도구가 아니다

경영진이 개선을 위해 시책을 강구해도 현장이 이에 충분히 반응해 주지 않는 모습을 많은 조직에서 볼 수 있다. 최근 들어 사업 전략과 개개인의 행동의 정합성을 가시화하기 위해 OKR(목표와 핵심 결과)을 도입하거나 목표 관리 제도를 도입하는 곳이 늘어났지만 딱히 효과가 있지는 않은 듯하다. 아니, 업무는 숫자를 달성하기 위한 것이라는 업무의 무의미화에서 비롯된 의욕 저하라든가 낮은 목표를 설정하고 싶어 하는 현장과 높은 목표를 설정하고 싶어 하는 상사의 마찰, 이직, 정신질환자의 증가 등, 현실은 오히려 지향하는 방향과는 전혀 다른 곳을 향해 나아가기도 한다.

이 문제를 정면으로 받아들이고 조직의 골짜기에 다리를 놓은 사례로서《리더의 현장력(リ_ダ_の現場力)》을 쓴 사코 슌스케의 일화를 소개하려 한다. 사코는 사모펀드인 유니슨 캐피털로부터 주로 신발 수선 등을 하는 회사 '미스터 미닛'의 개혁을 담당할 인물로서 파견되었다. 그러나 본사에서 아무리 이런저런 전략과 서비스를 궁리해도 현장에서 그것을 실행해 주지 않는다는 문제에 직면했다.

이 상황에 대해서 사코는 처음에 '현장은 왜 본사를 이해해 주지 않는 거지?'라고 생각했다. 자신이 열심히 궁리해서 시책을 제안해도 전혀 실행하지 않는 모습을 보고 현장의 사람들은 회사가 얼마나 위기 상황인지 전혀 모른다고 분개한 것이다. 그러나 직접 현장을 보러 간

사코는 현장 사람들이 시책을 실행하지 않는 데는 사실 어떤 사정이 있을지 모른다고 느꼈다. 이 시점에 사코는 자신의 내러티브를 옆으로 치워 놓고 대화를 위한 '준비'를 할 수 있게 되었다.

사코는 현장을 꼼꼼히 관찰하는 가운데 한 가지 사실을 깨달았다. 현장은 현장대로 자신들이 놓인 상황에 적응하기 위해 본사가 지시한 새로운 서비스 메뉴 등의 시책을 실행하지 않고 있다는 것이었다. 실적이 악화되는 가운데 현장은 연수도 제대로 받지 못하는 상황이었다. 그런데 이런 상황에서 서비스의 종류를 늘리면 오히려 서비스의 질이 하락해 고객의 클레임이 발생하는 문제가 발생한다. 그래서 서비스를 추가하라는 상부의 지시를 어쩔 수 없이 무시할 수밖에 없었다. 요컨대 현장의 내러티브에서는 그렇게 행동하는 쪽이 훨씬 더 합리적이었던 것이다.

게다가 또 다른 사실도 알게 되었다. 현장에서 그런 문제점을 지역 매니저에게 호소해 지역 매니저가 현장의 목소리를 본사에 전달해도 본사가 들은 체도 하지 않기 때문에 지역 매니저는 사이에 끼어서 이러지도 저러지도 못하는 상황에 놓여 있다는 사실이었다. 지역 매니저와 술을 마시러 가면 늘 고주망태가 될 때까지 마셨는데, 그 이유를 비로소 알게 된 것이다.

요컨대 현장이 움직여 주지 않는 데는 현장의 목소리를 들으려 하지 않는 본사의 책임도 있었다. 그의 표현을 빌리면, 현장이 썩었던 것도 아니고 경영진이 게을렀던 것도 아니다. **'현장과 경영진을 연결하는 배**

관이 썩어 있었던' 것이다. 이것을 대화의 프로세스로 파악한다면 내러티브의 골짜기에 다리가 놓이지 않은 상태라고 말할 수 있다.

서로가 각자의 내러티브 속에서는 올바른 주장을 하고 있지만, 서로의 내러티브 사이에 있는 깊은 골짜기가 보이지 않는 탓에 상대에게 의미 있는 시책을 강구하지 못하고 서로를 비난한다. 이것이 미스터 미닛의 당시 상황이었다. 사코는 이 상황을 유심히 관찰함으로써 '배관 문제'임을 깨달을 수 있었던 것이다.

그 후 미스터 미닛의 사장으로 취임한 사코는 현장과 열심히 대화하는 가운데 인사 제도 개혁 등 구체적인 시책을 잇달아 내놓음으로써 현장과 경영진 사이의 골짜기에 다리를 놓아 나갔다.

여기에서 중요한 것은 어떤 시책을 내놓았느냐가 아니다. 그전에 준비 단계로서 자신의 내러티브를 옆으로 치워 놓고 꼼꼼히 관찰을 거듭한 뒤 해석을 구축했다는 것이다. 이런 과정이 없었다면 핵심을 찌른 다양한 시책을 내놓기는 불가능했을 것이다.

♦ **업무 속에서**
   주인공이 되려면?

부하 또는 사원이 왜 성장하지 못할까? 이것은 부하를 둔 온갖 계층에서 발생하는 문제다. 직속 상사와 부하의 관계에서도 발생하고, 크게는 경영진의 교체(특히 창업자에서 후계자로 사업 계승) 과정에서도 발생한다.

그런데 여기에서 꼭 생각해 봐야 할 점이 있다. 애초에 사람이 성장한다는 것은 무엇일까? 업무에 필요한 능력이 그 사람의 내부에 형성되는 것을 성장이라고 이해하는 사람이 많을 것이다. 그래서 그 업무와 능력의 차이를 메우는 것이 육성이라는 발상 아래 연수를 실시하는 것이 일반적이다.

분명히 이 또한 중요할 것이다. 다만 나는 **사람이 성장한다는 것은 그 사람이 관여하는 업무에서 주인공이 되는 것**이라고 생각한다. 앞에서 업무에 필요한 능력이 그 사람의 내부에 형성되는 것이 성장이라고 이해하는 사람이 많을 것이라는 이야기를 했는데, 한 발 더 깊게 들어가서 생각해 보면 이것은 당사자가 아니라 누군가가 정한 업무 속에서 부품으로 기능한다는 의미다.

그러나 업무의 주인공이 된다는 것은 그 사람의 업무 속에서 그런 '능력'을 활용하는 존재가 되어 간다는 의미라고 생각한다. 요컨대 그 사람이 배운 것들이 그의 내러티브 속에 의미 있는 것으로서 위치해야 한다. 이 측면을 무시하고 '능력이 없어.'라고 일방적으로 규정한들, 의미가 느껴지지 않는 일에 최선을 다하지 못하는 것은 당연한 현상이다. 결과적으로는 능력도 성장하지 못하며, 경우에 따라서는 회사를 그만둘지도 모른다.

이 주인공 내지 당사자라는 측면이 제대로 구축되지 않으면 '늘 열심히 일하는데 인정해 주지 않는다(타인의 자신에 대한 평가에 의존한다).', '업무의 의미를 느끼지 못한다(먹고살기 위해 재미없는 일을 꾹 참고 한다).', '자신을 살리지 못하고 있다(자신을 위해 조직이 존재한다는 과도한 자기의식).' 같은 상태에서 계속 벗어나지 못한 채 괴로움 속에서 살게 된다.

실제로 일본 내각부의 조사(국민 생활에 관한 여론조사 2014년도)에서도 "돈을 벌기 위해 일한다."라고 대답한 사람이 51퍼센트인 데 비해 "사회의 일원으로서 소임을 다하기 위해 일한다."라고 대답한 사람은 14.7퍼센트에 그쳤으며, "나의 재능이나 능력을 발휘하기 위해 일한다."라고 대답한 사람은 고작 8.8퍼센트에 불과했다. 이런 상태인 사람에게 업무 수행 능력을 부여하려고 연수를 실시하거나 책을 읽게 하거나 과거의 이야기를 들려주는 등 온갖 노력을 한들, 결국 당사자는 의미를 느끼지 못하기 때문에 금방 잊어버리며 그 결과 '능력'도 딱히 향상되지 않을 것이다.

오해가 없도록 첨언하면, 능력 개발이 무의미하다는 말이 아니다. 그 이전에 업무의 내러티브를 형성하는 것이 소홀해졌다는 문제가 있다는 말이다. 그렇기에 상사의 시점과 척도에 따라 '부하의 능력을 향상시키자.'고 생각하는 내러티브를 일단 옆으로 치워 놓는 것이 중요하지 않을까? 일단 옆으로 치워 놓은 다음 대화의 프로세스를 중시하면서 **부하가 업무의 내러티브에서 주인공이 될 수 있도록 돕는 것**이 상사의 역할이 아닐까?

업무의 내러티브에서 주인공이 된다는 말을 '주체성을 발휘하는 것'

이라고 이해하는 사람도 있을 것이다. 그리고 주체성을 발휘하지 않는 부하에게 불만을 느낄지도 모른다.

그러나 친구들과 있을 때는 활발한 사람이 업무를 볼 때는 주체적이지 않은 상황을 생각해 보자. 이것이 주체성의 문제일까? 아니, 애초에 여기에서 말하는 '주체성'이란 무엇일까? 사실 부하가 주체성을 발휘하기를 바라는 것은 이쪽의 내러티브 속에서 내 입맛에 맞게 능동적으로 일해 주기를 요구하는 것일 경우가 대부분이다. 그리고 부하는 직장의 내러티브 속에서 활약할 수 있는 장소를 잃어버렸기에 '주체성이 없는' 듯이 보일 뿐이다.

부하의 내러티브에 영합할 필요는 없지만, 당신과 부하의 내러티브 사이에 있는 골짜기에 다리를 놓는 것이 중요하다. 그러면 부하 또한 업무의 내러티브 속에서 자신이 있을 곳을 찾아내 활약할 수 있게 된다.

또한 그렇게 부하를 돕는 것은 당신 자신을 돕는 결과도 될 것이다. 당신 자신도 과거에는 고생을 거듭하는 가운데 업무의 내러티브 속에서 자신이 있을 곳을 찾아내 왔으며, 그런 고생이 있었기에 부하가 성장해 주기를 바라고 있을 터이기 때문이다.

♦ 권력의 작용을 자각하지 못하면 올바른 관찰을 할 수 없다

매니지먼트를 할 때 주의할 점이 있다. 지위가 높은 사람, 특히 경영진은 강력한 권력을 지닌 까닭에 현장 사람들이 자신의 생각을 있는 그대로 이야기해 주지 않는다는 사실이다.

권력을 자각하지 못한 채 관찰을 시도하면 그 관찰은 실패할 수밖에 없다. 지위가 높은 사람의 경우, 권력을 자각하는 것은 대화를 위한 중요한 준비 단계라고 말할 수 있다. 구체적으로는 현장 사람들과 직접 '대화'를 시도해야 한다. 여기에서 말하는 대화는 집회나 워크숍 등의 형태로 시행되는 대화를 가리킨다. 요컨대 이 책에서 말하는, 골짜기에 다리를 놓는다는 의미의 대화와는 다르다.

최근 들어 조직 개발에 대한 관심이 높아짐에 따라 '대화'를 위한 워크숍을 회사 차원에서 실시한다거나 모든 사원과 순서대로 식사 모임을 여는 등의 방법으로 의견 교환을 하는 경영자가 늘어났다. 경영자와 함께 빙 둘러앉아서 서로의 생각을 교환하는 모습은 아름다워 보이기도 한다. 경영자는 사원의 말에 진지하게 귀를 기울일 각오로 이야기를 듣는다. 다만 생각해 봐야 할 것이 있다. 지위가 낮은 사람은 '경영자로서의 당신'에게 이야기하고 있다는 사실이다. 그곳에 권력이 작용하고 있음을 자각하지 못하는 것은 지극히 위험한 일이며, 그곳에서 보고 들은 것을 바탕으로 '그때 사원들은 찬성해 줬어.'라고 생각하며 의사 결정을 내리는 것은 큰 실수다. 그것은 어디까지나 당신의 지위를 고려하고 한 발언일 뿐, 그런 장소에서 당신이 알고 싶은 것을 이야기해 줄 가능성은 없다고 생각하는 편이 좋다.

물론 그런 시도가 무의미한 것은 아니다. 어떤 자세로 사원을 대하려 하는지가 전해질 것이다. 다만 그 인식 자체도 '사장이' 우리의 이야기를 들어 주려 한다는 차원의 해석임을 직시해야 한다. 그들이 모인 이유는 사장이 왔기 때문이다. 사장이 오면 모이는 이유는 무엇일까? 답은 명확하다.

또한 워크숍 등이 아닌 곳에서 "뭐든지 좋으니 의견을 말해 주시오. 언제라도 환영이오."라고 말하는 경영자도 많다. 그럴 때 용기를 내서 의견을 말하는 사람도 드물지만 있을지 모르며, 그런 커뮤니케이션 채널을 준비하는 것은 분명 의미 있는 일이다. 다만 그들이 이쪽의 의도 대로 기탄없이 말해 주고 있다고 생각한다면 그것은 안일한 생각이라고밖에 할 말이 없다.

경영자들은 대부분 겸손하며, 현장과 같은 눈높이에서 의견을 듣겠다는 마음가짐인 사람도 적지 않다. 그러나 현장과는 세대도 다르며, 입사한 타이밍도 당연히 다를 수밖에 없으므로 회사에 대한 이미지도 크게 다르다.

또한 젊은 사원과는 함께 일한 적도, 경우에 따라서는 이야기를 나눠 본 적조차 없는 사람이 많다. 그런 상황인데 사람들이 경영자에게 솔직하게 의견을 말해 줄까? 당연히 그럴 리가 없다.

권력을 가졌다는 사실을 자각하지 않으면 자신이 보고 싶은 현실만을 보게 된다. 그것은 대화가 아니다. **자신의 권력 때문에 보고 싶은 곳이 보이지 않는다는 불편한 현실을 직시하는 것이야말로 대화의 필수 조건이다.**

부하가 '약자 특유의 정의의 내러티브'에 빠지기 쉬운 것과 마찬가지로, 책임과 권한을 가진 높은 지위의 사람도 책임자 특유의 내러티브라는 함정에 자신도 모르게 빠져 버릴 수 있다.

현장은 경영 시책을 실행하기 위한 도구가 아니다. 또한 경영진도 현장의 만족을 위한 도구가 아니다. 요컨대 서로가 '나와 그것'이라는 도구적인 관계이기만 하다면 대화는 불가능하다. 더 나은 사업을 통해 사회의 인정을 받고자, 고객을 만들어 내고자 서로 둘도 없이 소중한 관계성을 구축한다면 참으로 멋질 것이다.

그러나 '나와 너'의 관계성일 터인 조직 멤버들을 도구로 여기며 '나와 그것'의 관계성으로 상대한다면 현장을 효율적으로 움직일 방법이 없을지 궁리를 거듭하게 된다. 그런 자세는 생각보다 더 현장에 잘 전해지며, 그 결과 현장 또한 경영진을 도구로 인식하게 된다. 면종복배나 일에 대한 낮은 의욕, 서로의 발목을 잡아당기는 문화 등은 이렇게 해서 탄생한다.

물론 항상 '나와 너'로 있을 필요는 없다. 특히 실행이 중요한 단계에서는 도구로서의 관계성이 매우 중요하다. 그러니 그 도구적인 관계성 속에서 왠지 일이 원활히 진행되지 않는다고 느꼈을 때는 대화를 실천할 필요가 있다.

✦ 조직에 맞춰
매니지먼트 스타일을 바꾼다

이번에는 오픈소스 소프트웨어 공급 업체 레드햇 사의 CEO였던 짐 화이트허스트의 일화를 소개하겠다. 그는 본래 보스턴 컨설팅 그룹의 컨설턴트로, 델타 항공의 COO가 되어 경영 재건에 힘썼던 인물이기도 하다.

델타 항공에 있었을 당시의 그는 대량의 자료를 바인더에 끼워서 들고 다니며 논리적인 토론으로 일을 진행해 '바인더의 짐'으로 불렸다. 말하자면 전형적인 비즈니스 엘리트 스타일의 리더였다. 그러나 이후 레드햇으로 회사를 옮긴 그는 커다란 변화에 직면했다.

레드햇은 리눅스(오픈소스 커뮤니티에서 제작된, 주로 서버 머신을 가동하기 위한 OS. 현재 세계에서 가장 견고한 OS로 알려져 있다)의 최대 배포자로 알려진 기업이다. 오픈소스 커뮤니티와 친밀한 관계를 유지하는 가운데 비즈니스를 전개하고 있는 까닭에 그들의 조직 문화 또한 오픈소스적인 민주적이고 공동체적인 문화였다. 지금부터 이야기하는 것은 그런 레드햇에 바인더의 짐이 들어왔을 때의 일화다.

"델타 항공에 몸담고 있었던 시절의 나는 피라미드형 조직 속에서 성장해 지휘명령 계통을 충실히 따르는 사람들로 구성된 거대한 조직을 이끌었다. 그런 까닭에 레드햇에 와서 먼저 팀 전체에 대한 신뢰와 영향력을 내 손으로 획득해야 조직을 움직일 수 있다는 사실을 깨달았을 때는 큰 놀라움을 느꼈다. 일례로 레드햇에 온 지 얼마 안 되었을 때 어떤 조사 보고서를 작성하도록 지시했는데, 며칠 뒤에 그 업무를 의뢰한 멤버에게 진척 상황을 물어보자 그 멤버는 태연한 표정으로 "아, 그 보고서요? 의미가 없다고 판단해서 안 했습니다."라고 대답했다.

이것은 다른 기업의 간부들로서는 좀처럼 받아들이기 어려운 문화다. 다른 CEO들에게 이 이야기를 했더니 다들 충격을 감추지 못했다. "상사의 지시를 듣지 않는다고? 업무 명령에 따르지 않는 그런 놈은 해고해 버려!" 나도 처음에는 그렇게 생각했다. 그러나 사실 그 업무가 의미 없다는 판단은 옳은 것이었다. 그것은 분명히 좋은 아이디어가 아니었다. 그리고 무엇보다 중요한 점은 나부터가 왜 그 업무를 해야 하는지 충분히 설명하지 못했다는 사실이다. 명령을 하는 능력으로 리더의 실효성을 측정하는 시대는 끝난 것이다."

화이트허스트가 경험한 것은 그때까지 그가 쌓아 왔던 커리어의 관점에서나 리더의 상식적인 내러티브라는 관점에서나 상당히 강렬한 사건이었음을 상상할 수 있다. 이런 때 기존의 리더가 생각하는 상식에 맞게 행동하도록 매니지먼트를 하는 사람도 있겠지만, 그가 뛰어난 점은 일단 자신의 내러티브를 옆으로 치워 놓고 **그의 행동에 대한 주의의 반응이 대체 무엇을 이야기하는지 유심히 관찰**한 것에 있다. 그리고 관찰을 통해서 얻은 것을 해석해 '나부터가 왜 그 업무를 해야 하는지 충분히 설명하지 못했다.'는 깨달음을 얻음으로써 그는 이 개방적인 조직을 더욱 잘 기능시키는 것에서 자신의 역할을 찾아냈다.

자신의 역할을 찾아낸다는 것을 다른 말로 표현하면, 기존의 리더에 관한 세상의 상식 때문에 겉으로 드러내지 않았던 자신의 측면을 이야기해 나가는 것이라고 말할 수 있을 것이다. 훗날 화이트허스트는 레드햇의 오픈소스 문화에 대한 좋은 옹호자가 되었다.

♦ 회피형 적응 과제를 해결하기 위한 대화의 포인트

권력을 휘둘러서 타인을 복종시키는 '리더'는 왜 그런 행동을 하는 것일까? 그 이유는 그 방법밖에 몰라서라고 할 수 있다. 어떤 의미에서, 그 조직에서는 타인에게 자신을 제시할 다른 방법이 없는 까닭에 그렇게 행동할 수밖에 없는 것이다.

레드햇이 굉장히 자유롭고 평등한 조직이었기에 화이트헤드는 이 사실과 마주할 수밖에 없게 되어 자신을 바꿀 기회로 삼을 수 있었다. 그러나 대부분의 기업은 레드햇만큼 조직 멤버에게 권한을 위양하지 않는다. 그러므로 높은 지위에 있는 사람이 이런 사실을 깨닫기는 더욱 어렵다는 사실을 유념할 필요가 있을 것이다.

다만 그 '리더십'에 대한 불쾌함이 자신의 마음속 어딘가에 남아 있음도 알고 있다. '옳은 말'로 부하의 뺨을 때렸을 때의 불쾌감, 지위가 높은 사람이니까 나만은 특별대우를 받는 것이 당연하다는 생각에 대한 위화감. 그런 것들은 아무리 논리적으로 옳더라도 우리 자신에게 끊임없이 말을 건다. 이 불쾌감, 위화감과 마주하고 새로운 다리를 놓는 것이 사람을 움직이고, 성장시키며, 자신도 변화해 가는 길을 연다. 그래서 지위가 높은 사람이 대화에 임하기를 바라는 것이다.

그러려면 우리가 알지 못하고 있다는 사실을 직시하고, 그 사실을 외면하지 않으며, 두려움과 불안감이 있음을 인정하고, 대담하게 다리를 놓아 나가는 것이 중요하다.

대립에서 대화로 가는
최고의 방법

내가 대화의 실천을 거듭하는 것이 중요하다고 말하면 "세상이 빠르게 변화하고 있는데 그런 것에 신경을 쓸 여유가 있나요? 그저 대화하는 것은 시간이 아깝다고 생각하는데요."라고 반박하는 사람이 종종 있다. 그러나 나는 자신이 놓인 상황 속에서 관찰을 통해 얻은 것을 활용해 다리를 놓는 작업인 대화는 아무리 세상이 빠르게 변하든 보편적인 중요성을 지니고 있다고 생각한다.

실제로 예전에 미국계 투자 은행에서 일하는 사람에게 이런 이야기를 들은 적이 있다. 그는 "제가 일하는 기업에서는 어떤 판단을 할 때 억지로라도 수치화한 다음 '이걸 하면 이런 식으로 개선된다고 수치가 말해 주니 이렇게 합시다.'라고 말합니다. 수치로 만들면 공평하니까요."라고 말했다. 요컨대 그들의 내러티브는 숫자와 숫자의 해석에 많은 부분 의존한다는 말이다.

그 조직의 내러티브는 수치상으로 설명할 수 있다면 조직 내에서 새로운 시도의 정당성을 획득할 수 있다는 것이다. 어떤 의미에서 이것은 상대가 받아들일 수 있는 숫자라는 언어로 번역 작업을 하는 것이라고 말할 수 있으리라. 이것이 다른 기업에서는 숫자의 프레젠테이션이 아니라 문서화일 경우도 있으므로 기업마다 통용되는 다양한 대화의 실천 방식이 있는 셈이다.

오해하지 말았으면 하는데, 수치화를 하라든가 수치화가 불가능하다고 판단되는 것은 비합리적이라는 이야기가 아니다. 그런 것이 아니라, 동서양을 불문하고 **각 조직에는 저마다 다리를 놓는 방법이 있다**는 이야기이다. 다리를 놓는 방법은 달라도 다리를 놓아야 한다는 것은 같다는 이야기다. 그리고 다리를 놓기 위한 재료는 이미 자신들의 수중에 있으므로 그것으로 시작해야 한다는 이야기다.

또한 최근에는 다양한 특성의 미디어를 이용하는 방법도 있다. 자신의 권한이 허용하는 범위에서 새로운 시도를 해 보고 그것을 외부의 미디어가 취재하게 하는 방법이다. 세상에는 수많은 웹 미디어가 있는데 이용하지 않을 이유가 어디에 있는가? 미디어에 보도되면 이쪽의 내러티브가 제대로 전해질 뿐만 아니라 외부에서도 가치가 있다든가 재미있다는 보증을 얻은 듯이 느끼는 사람이 늘어나기 때문에 회사 내부의 도태 압력이 감소할 가능성도 있다.

이처럼 다리를 놓기 위해서라면 이야기를 주고받는 것 이외에도 새로운 관계성을 구축할 수 있을 법한 방법을 시도해 보는 것이 중요하다. 방법은 조직에 따라 다양하겠지만, 기본은 권한을 가진 사람의 내러티브를 관찰해 그들이 판단할 수 있는 상황을 만드는 것이다. 이것을 확실히 해놓으면 사업 추진 속도를 높이는 것도 불가능은 아니다. 요컨대 대화할 시간이 없는 것이 아니라 대화를 하지 않으니까 앞으로 나아가지 못해 시간이 없어지는 것이다.

여기까지 읽은 독자 중에는 어렴풋이 느낀 사람도 있을지 모르겠는데, **대화는 불필요한 대립을 피하기 위한 행동**이다. 싸우게 되면 반드시 승자와 패자가 나온다. 싸워서 상대를 쓰러트리는 것이 아니라 싸우지 않는 것, 어떻게 상대를 내 편으로 만드느냐에 온갖 능력을 사용하는 것이 중요하다.

그러므로 지혜를 발휘해 싸움을 피해야 한다. 전략 사상서로 유명한 중국의 고전《육도》에서 태공망은 싸우지 않으면 패하지 않는다, 싸우지 않는 편이 좋다고 말했다. 싸우지 않기 위한 방법으로는 두 가지가 있다. 첫째는 적을 앞에 두고 도망치는 것으로, 이 또한 때로는 필요하다. "삼십육계. 도망치는 것도 훌륭한 전략이다."라는 말도 있을 정도다. 둘째는 싸우지 않고 좋은 상황, 즉 '새로운 관계성'을 만드는 것이다. 이를 위해서는 적을 내 편으로 만들고자 '준비 – 관찰 – 해석 – 개입'의 사이클을 돌리기를 게을리하지 말아야 한다.

전설적인 경영학 대가 피터 드러커는 초기의 저서인《산업사회의 미래》에서 이렇게 말했다.

우리는 미래를 이야기하기 전에 현실을 알아야 한다. 언제나 현실에서 출발해야 하기 때문이다. 게다가 우리는 이미 손에 넣은 것을 활용할

때 비로소 필요한 것을 만들어 낼 수 있다. 손에 넣고 싶은 것을
발명하는 것에서부터 출발할 수는 없다.

지금 손에 넣은 것에 주목하고, 그 현실에서 출발해 착실히 다리를 놓
아 나간다. 이것이 조직의 미래를 만들게 되는 것이다.

결국 적응 과제를 풀어나가는 열쇠는 거창한 변혁 선언이 아니라, 눈앞
에 있는 한 사람과의 대화에서 시작된다. 지금 자신이 서 있는 자리에서,
지금 함께 일하는 사람들과의 관계 속에서 작은 다리를 하나씩 놓아 나가
는 것이다. 그 다리는 처음에는 불안정하고 좁을지도 모른다. 그러나 '준
비 – 관찰 – 해석 – 개입'의 사이클을 꾸준히 돌리면서 상대의 내러티브
에 다가가다 보면, 그 다리는 점차 견고해지고 결국에는 조직 전체를 움
직이는 힘이 된다.

타인과
일을 한다는 것

제6장

'적응 과제'를 해결할 때
빠지기 쉬운 다섯 가지 함정

지금까지 우리는 적응 과제를 해결하기 위해 대화를 통해서 조직의 골짜기에 다리를 놓음으로써 새로운 관계성을 형성하는 것, 다시 말해 사람과 조직을 움직이는 '실천'에 관해서 생각해 왔다.

그런데 사실은 대화를 시도하는 과정에서 빠지기 쉬운 함정도 존재한다. 엄밀히 말하면, 본인은 대화를 시도하고 있다고 생각하지만 실제로는 대화가 되고 있지 않은 상황에 빠지는 것이다.

대화를 시도하는 가운데 빠지기 쉬운 주된 함정은 다음과 같다.

① 자신도 모르는 사이에 영합해 버렸다

② 상대에게 강요하고 있다

③ 상대와 너무 친밀해진다

④ 다른 집단으로부터 고립된다

⑤ 결과를 내지 못해 허탈함에 지배당한다

각각의 함정에 관해서 생각해 보자.

♦ 함정 1.
자신도 모르는 사이에 영합해 버렸다

다리를 놓을 때는 상대와 접점을 만들어 나가는 것이 매우 중요하다. 특히 조직의 상하 관계라는 관점에서 말하면, 지위가 낮은 사람이 지위가 높은 사람에게 이해를 구할 때 권력의 벽에 가로막혀 뜻을 이루지 못하는 경우도 종종 있다.

내가 대화를 주제로 강연할 때 높은 빈도로 받는 질문이 있다. "대화와 영합(혹은 추찰)의 차이를 가르쳐 주십시오."라는 것이다. 그래서 대화와 영합이 어떻게 다른지 그 차이점을 정리하고 넘어가려 한다.

본래 추찰은 상대의 기분을 헤아린다는 의미이지만, 최근에는 상대의 비위를 맞추는 것, 다시 말해 자신의 생각을 존중하지 않고 상대의 생각에 맞춰서 자신의 생각이나 행동을 바꾸는 것을 의미하는 말로 쓰이고 있다. 이것은 상대에게 예속되는 것, 자신이 깨달았던 과제 의식이나 문제점을 못 본 척하는 것, 다시 말해 포기하는 것을 의미한다. **대화의 프로세스라는 관점에서 말하면 다리를 건넌 채 돌아오지 않는 것**과 같다.

반면에 대화는 상대와의 차이에 직면했지만 '그럼에도' 상대와의 사이에 새로운 관계를 생성하고자 다리를 놓는 데 도전한다는 의미다. 실천에 임하는 우리는 현실 속에서 양쪽의 차이가 어느 정도일지 생각할 필요가 있다.

애초에 우리는 무엇을 위해 대화를 시도하는 것일까? 그것은 하이페츠의 말을 빌리면 '적응 과제'를 극복하기 위함이며, 다른 표현을 사용하면 자신과 조직, 나아가 사회를 위해서 해야 할 일을 하기 위함이다. '나한테 그런 고매한 목적은 없어.'라고 생각할지도 모르지만, 모든 업무는 누군가를 뒷받침하고 돕는다는 의미에서 고귀하다. 이것은 당신도 다른 사람도 다르지 않다. 그래서 회사의 내부에서 사업에 관해 새로운 기회를 발견했을 때, 자신 또는 누군가의 존엄이 훼손되고 있음을 깨달았을 때, 부서와 부서 또는 상사와 부하 사이의 대립으로 일이 원활히 진행되지 않게 되었을 때, 우리는 조직의 골짜기에 다리를 놓음으로써 새로운 일에 몰두할 수 있는 상황을 만들려 하는 것이다.

대화를 시도하는 것을 다르게 표현하면, 그것은 조직 속에서 **'긍지 있게 사는 것'**이다. 다시 말해 아직 달성하지 못한 이상을 잃지 않고 사는 것, 나아가 항상 자신의 이상에 비하면 현실은 미완성의 상태임을 받아들이는 삶의 자세를 선택하는 것이다. 당연히 그때는 현실이 이상과 다르다는 사실을 직시해야 하며, 때로는 자신의 이상이 시야가 좁다는 사실을 깨닫기도 할 것이다. 몸이 베이는 것 같은 아픔 속에서 우리는 어떻게 해야 그것을 자랑스럽게 여길 수 있을까?

나는 우리가 무엇을 지키기 위해, 무엇을 소중히 여기기 위해 대화를 시도하고 있는지 되물을 때 가능해진다고 확신한다. 우리는 누구일까? 무엇을 위해서 열심히 일하고 있는 것일까? 그것을 확인할 때 우리는 끊임없이 고난에 직면해 좌절하고 수정되는 것이 필연인 잠정적인 이상을 내걸고 계속 앞으로 나아갈 수 있을 것이다.

상대를 관찰해 골짜기에 다리를 놓는 것은 단순히 그 과정일 뿐이다. 그 자체가 목적이 아닌 것이다. 긍지 높게 사는 것은 필연적으로 고독함을 동반한다. 그러나 고독하기에 타인에게 영합하지 않을 수 있으며, 고독함 속에 우리의 이상이 새겨져 있음을 기억했으면 한다.

자신에게는 긍지도 없고 커다란 이상도 없다고 생각하는 사람도 있을지 모른다. 그러나 만약 그렇다면 왜 고민하는 것일까? 그것은 우리가 명확한 형태를 띠고 있지는 않지만 이상의 조각을 손에 쥐고 있기 때문이 아닐까? 그리고 일상의 업무 속에서 그것을 포기하고 있기에 자신에게는 긍지도 이상도 없다고 생각하는 것이 아닐까?

그것은 특정한 누군가가 '포기시켰다'기보다는 오히려 지금 놓인 상황 자체가 '포기하는 것이 당연해'라고 우리에게 매일 각인시키고 있는지도 모른다. 만약 그렇다면 우리는 분명히 곤란한 상황에 있다.

그러나 그런 상황 속에 있더라도 우리는 긍지를 갖고 살 자유가 있다. 그리고 우리의 인생은 그것을 갈등할 만한 값어치가 있다고 나는 생각한다. 당신이 긍지라든가 이상이라는 말을 들었을 때 느끼는 괴로움이나 고통은 당신의 갈등에 큰 의미가 있음을 명확히 가리키는 것이다.

가능하다면 신뢰할 수 있는 동료와 함께 노력하는 것도 좋은 아이디어다. **고독을 소중히 여기려면 고독해서는 안 되기 때문**이다. 이를 위해서는 신뢰할 수 있는 동료가 나타나기를 기다리는 것이 아니라 당신이 타인에게 신뢰받도록 노력하는 것이 중요하다. 신뢰가 있어서 행동할 수 있는 것이 아니라 행동을 한 결과 신뢰가 싹트는 것임을 잊지 말았으면 한다.

그리고 그것이 영합이나 추찰에 머물고 있다면 틀림없이 무엇인가 '위화감'을 깨달을 터이다. 그 위화감, 다시 말해 새로운 '내러티브의 골짜기'를 정기적으로 바라보는 것도 나쁘지 않다. "우리는 누구인가?"를 되물었을 때 느끼는 위화감은 적응 과제라는 새로운 도전으로 바뀌게 된다.

♦ **함정 2.**
   상대에게 강요하고 있다

대화를 하는 것은 긍지 높게 살기 위해 중요한 일이라고 말했는데, 한편으로 그런 일에 도전하는 사람의 강력함이 경우에 따라서는 골짜기를 만들어 버리는 결과로 이어지기도 한다. 이런 문제는 특히 경영상의 책임을 지는 경영자 계층의 사람들에게서 자주 일어나지 않나 싶다. 어느 대기업에 새로운 사장이 취임했을 때, 그 사장은 "위기의식을 가졌으면 한다."라고 사원들에게 강하게 호소했다. 사장으로서의 위기의식은 아마도 이런저런 지표나 냉정한 경영 판단에서 비롯되었을 것이다. 그런 위기에 도전하는 것은 분명 경영자로서 존경스러운 행동이다.

그러나 "위기의식을 가졌으면 한다."라는 사원들에 대한 호소가 실제로 영향력을 발휘해 사람들을 움직이리라고는 생각되지 않는다. 왜 일까? 그 이유는 당연히 자신의 내러티브와 상대의 내러티브가 다르 기 때문이다. 따라서 새로운 사장에게 요구되는 자세는 조급해하지 말 고 그 골짜기에 다리를 놓는 작업을 시작하는 것이다. 사실 이에 관해 서는 이미 앞에서 이야기한 바 있지만, 굳이 한 번 더 한 데는 또 다른 이유가 있다. 바로 권력의 문제다.

권력이 있으면 무엇이든지 자유롭게 할 수 있다고 순진하게 생각하 는 사람도 있을지 모르겠는데, 그렇지 않다. 나는 권력이 오히려 대화 를 방해할 때가 많다고 느낀다. 권력이 대화를 방해하는 이유는 관계 성이 변해 버리기 때문이다. 관계성이 변하면 같은 말을 하더라도 상 대의 내러티브 속에서 다른 의미로 받아들여진다. 그러나 권력이 있는 사람은 지위가 낮은 사람보다 내러티브의 골짜기를 잘 인식하지 못한 다. 명확한 비판을 받거나 반대를 당하는 빈도가 줄어들고, 자신을 꾸 짖어 주는 사람도 없어지기 때문이다.

당연한 말이지만 이 문제를 극복할 손쉬운 해결책은 없다. 손쉽지는 않지만, 그래도 꼭 해야 할 일은 무엇보다 앞에서 이야기했듯이 일단 서로의 이해를 재확인하는 것이다. 무엇을 하고 싶어서 함께 일하고 있는지 다시 한 번 묻는 것이다. 그런다면 고쳐야 할 점을 고치는 것은 큰 문제가 아니게 될 터이다.

다만 그렇게 되더라도 이 문제는 계속해서 존재한다는 점을 항상 잊 지 말아야 한다. 어떤 대화의 노력을 거듭하든, 아니 오히려 노력을 거듭할수록 회사는 틀림없이 성장할 터이므로 규모가 커짐에 따라 이 문제가 끊임없이 일어나게 될 것이다. 이것만큼은 피할 길이 없다. 지위가 높은 사람은 그 사실을 받아들여야 한다.

물론 이것은 경영자에 국한된 이야기가 아니다. 부하가 생겼을 때나 선배가 되었을 때도 같은 문제가 따라붙는다. 그러나 우리는 그런 문제와 계속 마주함으로써 미숙해 보이는 부하나 후배에게서 대화를 배우고 있음을 잊지 말아야 한다.

업무를 성실하게 처리하면 지식을 얻고 기술도 향상될 것이다. 다만 그 과정에서 함께 얻은 권력은 새로운 과제를 만들어 낸다. 그 새로운 과제를 깨닫고 도전함으로써 우리는 많은 것을 배우게 된다. 이는 자신을 위한 것도 아니고 단순히 회사를 위한 것도 아닌, **함께 일하는 타인과 '새로운 관계성'을 끊임없이 갱신해 이른바 '연대'를 해 나가면서 더 나은 성과를 이루기 위한 것이다.**

♦ **함정 3.
상대와 너무 친밀해진다**

대화를 계속하려면 끊임없는 시도가 필요하다. 새로운 관계성을 생성하기 위해 다리를 놓고자 노력해 성공을 거둔 경험은 많은 사람이 해 봤을 것이다. 다만 그때 다리가 놓인 상대와의 사이에는 매우 강한 결속이 형성되는 한편으로 이 관계성을 소중히 하고 싶다는 마음이 반드시 싹튼다.

요컨대 **이 관계성을 유지하고 싶은 마음에서 하고 싶은 말을 하지 못하는 '억압형' 적응 과제가 발생한다**는 의미다. 이것은 어떤 의미에서 굉장히 좋은 관계가 형성되었다는 방증이기도 한 까닭에 참 어려운 문제이지만, 위화감이 느껴질 때는 있을 터이다.

그러므로 '뭔가 이상해.'라는 위화감을 표출하기를 두려워하지 말았으면 한다. 상대와 너무 친밀해진 결과 배제되는 사람이 생겼다거나 직시해야 할 문제를 직시하지 못하고 있음을 깨달았다면 그것을 바꾸기 위한 행동에 나서야 한다. 행동하지 않으면 아무것도 달라지지 않는다. 구체적으로 하나하나의 적응 과제를 해결하기 위해 대화를 실천해 나갈 필요가 있다.

그때 당신은 이미 기존의 관계성에 작별을 고하고 새로운 관계성을 구축하고자 기존의 관계성 속에 있는 사람과의 사이에 다리를 놓는 역할을 맡은 존재로 바뀐 상태다. 그 고독감을 두려워하지 말고, 그러면서 고독해지지 않도록 일을 진행하길 바란다.

일본 경제가 각광을 받았던 1980년대, 경영학의 중심은 일본 경제론이었다. 그 무렵의 연구를 조금 소개하겠다. 첫째는 리처드 T. 파스칼과 앤서니 G. 아토스의《재패니즈 매니지먼트(The Art of Japanese Management)》다. 이 책에는 당시의 일본식 경영에 대한 뜨거운 관심을 잘 보여주듯이 이런 말이 적혀 있다.

일본의 생산성과 실적을 나타내는 통계를 처음 본 사람은 먼저 이것이 가능할 수가 없다고 말하고, 다음에는 이길 수가 없다며 어깨를 움츠리는 경우가 많다. 자신들과 너무나도 차이가 커서 '좀 더 일본식에 가까워지는 것'은 불가능하다고 생각하기 때문이다. 그러나 우리는 이 책의 데이터를 수집하면서 미국의 일류 기업이나 유능한 경영자의 다수가 놀랄 만큼 일본인과 비슷한 방식으로 일하고 있다는 인상을 강하게 받았다.

오늘날의 미국의 문제점은 눈앞에 도구가 있음에도 '바라보는 방식(비전)'이 한정되어 있다는 것이다. 미국의 경영자 중 실로 대다수가 경영상의 고정관념에 사로잡힌 나머지 자신을 옴짝달싹 못 하는 상태로 만들고 있다. 그 결과 미국 산업은 착실히 몰락의 길을 걷고 있다.

여기에서 미국과 일본을 서로 바꾸면 지금의 일본 기업 사회가 놓인 상황을 이야기한 것으로 착각할 만큼 정반대의 내용이 적혀 있다는 데 놀라움을 감출 수 없다. 이 무렵의 일본 기업은 서로가 매우 강한 연대감을 갖고 일했음을 엿볼 수 있는 구절이다. 그러나 지금은 정반대가 되었다. 왜 이렇게 된 것일까? 여기에는 몇 가지 이유가 있을 것이다.

마찬가지로, 오늘날의 애자일 개발의 바탕이 된 연구 중 하나로서 일본식 경영의 연구를 통해 럭비형 개발(스크럼)을 제창한 다케우치 히로타카와 노나카 이쿠지로의 〈새로운 신제품 개발 경쟁〉(1986년)이라는 논문에는 이런 내용이 있다.

혼다의 개발 부문 담당 중역은 다음과 같이 말했다.

"그것은 팀의 멤버를 2층에 올려놓고 사다리를 치운 다음 뛰어내려라, 내려오지 못하는 놈은 필요 없다고 말하는 것과 같습니다. 인간은 아슬 아슬한 극한 상태까지 몰렸을 때 창조성을 발휘할 수 있는 법이지요."

개발 기간 중, 프로젝트 멤버 전원이 과도할 정도의 노력을 요구받는 다. 팀 멤버가 피크 시에는 월 100시간, 다른 때는 60시간의 야근을 기록하는 경우도 있었다.

분명히 일본식 경영의 전성기였던 시절에는 일본 기업이 놀라운 성과를 보여줬다. 다만 당시의 일본 기업을 조사해 보면, 가령 다케우치 · 노나카의 논문에 나오는 혼다의 경우 직원 수가 1970년대에 2만 명 정도였다. 그러나 현재는 연결 회사를 합쳐서 약 21만 명에 이른다.

또 다른 관점에서 바라보면, 20대 후반 여성의 경제 활동 참가율은 1970년대에 40퍼센트대였으며 1980년대에 들어와서야 겨우 50퍼센트를 넘어섰다. 이 시기에는 결혼 · 출산을 계기로 퇴사하는 이른바 M자 곡선이 매우 가팔랐다. 또한 여성의 대학 진학률은 1970년대에 30퍼센트대였다. 1990년대에 들어와서는 남녀 차가 거의 없어졌지만, 그전까지는 10퍼센트 정도 남녀 차가 있었다.

요컨대 과거의 일본 기업에서는 대졸 남성이라는 상당히 한정된 속성의 사람들이 중심적으로 활약했던 것이 아닐까 추측된다. 그러나 그후 세계화가 진행되어 다양성이 크게 증가하는 가운데 과거의 일본식 경영을 유지하기가 불가능해졌다고 생각하는 것이 타당한 해석이 아닐까?

반면에 글로벌 기업들은 이 무렵에 배양된 일본식 경영의 정수인 조직 문화의 중요성, 다시 말해 회사와 사원의 양호한 관계성이라든가 업무의 의미를 구축하는 것의 중요성, 혹은 사원의 성장을 뒷받침하는 시스템 구축의 중요성을 인식하고 큰 성장을 이루었다. 내가 봤을 때, 이른바 GAFA(구글, 애플, 페이스북, 아마존)로 불리는 기업은 일본식 경영에 관한 연구의 정수를 다양성 높은 환경에서도 실천할 수 있도록 훌륭히 발전시킨 기업으로 보인다.

일본식 경영의 몰락을 보고 있으면 지금 이야기하고 있는 좋은 관계성 때문에 오히려 여러 과제를 극복하기가 어려워진 사례라는 생각이 든다. 즉, 지금까지의 관계성을 바꿔야 한다는 것은 모두가 어렴풋이 알고 있으면서도 그것을 바꾸기가 귀찮아서 손대지 않은 결과 변혁이 정체되어 버린 것이다. 너무 친밀한 관계가 다양성을 현저히 저하시켰고, 그 결과 오늘날의 정체에 이르렀다고도 말할 수 있다.

어떤 조직의 관계성이든 완벽한 것은 없다. 관계성을 생성해 나가는 과정일 때와 생성된 뒤의 상태는 크게 다르다. 생성된 뒤에 생겨나는 불완전함을 못 본 척하는 관계성으로 서서히 변해 가는 것을 피할 수는 없지만, 그렇기에 더더욱 우리는 언제나 불완전한 상태에 있음을 직시해야 한다.

앞에서 예로 든 일본식 경영 같은 거대한 규모의 문제는 더 작은 단위, 이를테면 직장의 팀 내에서 일어나는 일과도 연결되어 있는 듯이 보인다. 팀 내에도 가치관이 다른 새로운 멤버가 들어왔을 때, 그전과는 다른 문제에 직면했을 때 등 자신들의 존재 방식이 상대화될 다양한 기회가 있다. 이때 그런 상대화될 기회를 못 본 척하느냐 아니면 그것과의 사이에 다리를 놓아서 자신들을 쇄신하느냐가 중대한 분수령이 된다.

일단 완성된 것을 바꾸는 것은 그것을 처음부터 만들어서 완성하는 것보다 큰 아픔을 동반한다. 그러나 그 아픔에서 의미를 찾아낼 수 있다면 극복하고자 하는 용기가 샘솟을 터이다. 그 의미를 만들어 내는 것. 그것은 우리가 이상으로 삼는 것, 우리가 소중히 여기고 바꾸지 말아야 할 것이다.

♦ 함정 4.
다른 집단으로부터 고립된다

좋은 관계성을 구축하는 데 성공한 팀은 크게 강해진다. 자신들이 대단함을 실감하면서 매일의 업무에 임할 수 있는 것은 매우 행복한 일이다.

그러나 그런 자신들과 주위 사람들의 사이에 골이 생기는 경우도 있다. 이것은 조직 속의 특출한 집단으로서 지위가 확립되었다는 의미이기도 하므로 반드시 슬픈 일이라고는 말할 수 없지만, 차가운 시선을 느끼거나 이야기가 통하지 않는 경우도 많을 것이다. 뒤에서 "일은 잘하는 것 같은데, 저 분위기는 적응이 안 된단 말이지."라든가 "저 사람들이 하는 일이 정말로 그렇게 회사에 의미 있는 일일까?"라고 수군대는 사람들도 있을지 모른다.

'열량의 차이'라는 표현을 사용하기도 하는데, 팀으로서의 활동이 커지면 이런 차이에 직면하는 상황이 발생한다. 그러나 생각해 보면 이것은 앞에서 고찰한 지나치게 친밀해지는 문제와도 통하는 측면이 있기에 주의할 필요가 있다. 우리는 조직의 다른 부서나 이른바 열량이 다른 사람들과의 차이에만 주목하는 경향이 있지만, 내부에서 잘 지내고 있다고 생각하는 사람들 사이에서도 이런 문제가 발생할 수 있는 것이다.

왜 이런 말을 하느냐면, **팀의 내부에서도 내러티브의 골짜기가 생기는 경우가 있기 때문**이다. 그것이 수면 위로 드러난다는 것은 무엇인가 이기주의적인 상황이 되었을 가능성이 있음을 암시한다. 그렇다면 팀의 특정 멤버가 업무를 일방적으로 주도하고 있으며 다른 멤버들은 사실 위화감을 느끼면서도 그 위화감을 표명하지 못하는 억압형 적응 과제가 발생했을 가능성도 부정할 수 없다. 따라서 외부에 대해 골짜기를 느낄 때는 내부에도 골짜기가 있을 가능성을 인식할 필요가 있을지 모른다.

역시 이 단계에서도 우리는 대화를 잊지 말아야 한다. 내부의 대화를 시도할 때는 대화 모임 같은 것을 실시하는 방법도 나쁘지 않다고 생각한다. 또한 그런 모임에 다른 부서나 외부인을 포함시켜서 이야기를 나누는 것도 효과적일지 모른다. 언뜻 그런 모임은 사이가 원만하지 않은 팀에 필요한 것이 아니냐는 생각이 들겠지만, 사이가 원만한 상태라는 것은 우리는 본래 항상 불완전하며 잘못을 피할 수 없음에도 '잘못을 인식하지 못한다는 잘못'을 저지르고 있는 상태라고 말할 수 있기 때문이다.

외부에 다리를 놓는 것도 두말할 필요도 없이 중요한 일이다. 팀으로서 고립되어 있다면 서로가 새롭게 결속해 다시 다리를 놓고, 외부에도 함께 다리를 놓기를 거듭하는 것이 중요하다.

또한 불완전함과 잘못을 찾아내는 것이 중요하다고 말했는데, 이를 위해 자신의 영역이 아닌 곳에 뛰어들어 보는 것도 좋은 방법이다. 과거에 사회학자인 마크 그래노베터는 〈약한 연결의 힘(The Strength of Weak Ties)〉이라는 논문을 써서 크게 유명했다. 인간 사이의 네트워크라는 관점에서 인간을 다시 파악했을 때, 강한 연결 속에 있으면 새로운 정보에 접속할 기회가 사라지는 문제가 발생한다. 반대로 약한 연결, 다시 말해 평소에 그다지 접점이 많지 않은 사람과의 연결은 평소에 접점이 많지 않은 사람이 속해 있는 다른 강한 연결의 네트워크에 접속할 기회를 만든다는 의미에서 큰 강점이 있다. 이것이 그의 주장이다.

물론 무턱대고 약한 연결을 늘려서는 당연히 아무것도 배울 수 없다. 우리가 이 연결은 약하다고 인식할 수 있을 정도의 강한 연결을 보유하고 있을 때 비로소 약한 연대가 큰 의미를 지니게 되는 것이다.

어디까지나 자신 또는 자신들을 상대화하는 것으로서, 즉 자신들의 고정화된 신념이나 가치관, 틀 같은 것을 좀 더 넓은 범위의 사람들과 연대해 나갈 가능성에 대한 모색으로서 새로운 연결과 마주하고, 단순히 연결을 만드는 것이 아니라 다리를 놓아 나가는 것, 대화해 나가는 것이 중요하다.

✦ 함정 5.
결과를 내지 못해 허탈함에 지배당한다

대화에 임해서 다리를 놓을 수 있는 문제가 있는가 하면 그렇지 않은 문제도 있다. 대화가 성립하지 않는 상황이 계속되면 누구나 지치고 신물이 나기 마련이다. 내가 아는 사람들 중에도 바쁜 와중에 회사의 이런저런 과제를 바꿔 보려고 시도하지만 좀처럼 성과가 없어서 지쳐 버린 사람이 꽤 있다.

그럴 때는 그만두거나 쉬는 것이 무엇보다 중요하다. 종종 농담 반 진담 반으로 "지쳤을 때는 쉬세요. 그래도 됩니다. 적응 과제는 당신이 아무것도 하지 않으면 사라져 버리거든요."라고 말하는데, 정말로 쉼으로써 적응 과제가 해소될 때도 있을 것이다. 만약 그렇다면 당신이 너무 열심히 노력했었다는 의미이며, 그 경험은 미래를 위한 큰 공부가 될 것이다.

게다가 아무리 애를 써 봐도 해결이 안 될 때는 직장을 바꿔 보는 것도 좋다. 미국의 사상가인 헨리 D. 소로도 《월든: 숲속의 생활》에서 이렇게 말했다.

> 현명한 의사는 병자에게 공기와 토지를 바꿔 보면 어떻겠느냐고 권유해 꿈과 희망을 열어 준다.
> 지금 있는 이곳이 세상의 전부가 아니라니, 이 얼마나 멋진 권유인가?

지금 있는 세계에서 열심히 노력하는 것은 중요하다. 그러나 그곳이 세상의 전부는 아니다. 아니, 이런 것을 논하기 이전에 애당초 피폐해질 필요는 없다. 피폐해질 만큼 애쓴다는 것은 분명히 당신 자신이 진심으로 그곳에 모든 것을 걸고 있다는 의미다. 그러나 상대와의 사이에 다리를 놓으려고 애쓴 나머지 **당신과 당신 자신 사이에 다리가 사라진 상태**가 되었을지도 모른다. 업무의 내러티브에만 몰입하면 자신의 다른 내러티브와의 사이에 괴리가 생겨 버린다.

그런 상태가 되면 이상을 잃어버릴 위험성도 있다. '나는 이렇게 노력하는데 왜 저 사람은 몰라주는 걸까?'라든가, '세상만사가 귀찮으니 그냥 상대의 말대로 하자.' 같은 생각에 지배당할 위험성도 있다. 그런 상황에 빠지지 않으려면 **직장의 안팎에 '파트너'를 찾는 것**이 중요하다. 파트너 같은 사람은 좀처럼 찾기 힘들다고 생각할지도 모른다. 그러나 '아아, 이 사람은 진짜 나의 파트너구나'라고 생각할 수 있는 사람은 만날 수 없더라도, 다리를 놓기에 따라서는 어떤 사람이든 서로에게 파트너에 가까운 역할을 해 주는 관계를 쌓는 것이 불가능하지 않다.

그러려면 먼저 상대를 소중히 여기길 바란다. 미국의 철학자인 에리히 프롬은《사랑의 기술》이라는 책에서 사랑의 본질이란 받는 것이 아니라 주는 것이라고 말했다. 사랑이라는 말에 저항감을 느낀다면 강한 신뢰 관계라고 읽어도 좋을 것이다. 타인에게 소중한 사람이 되고 신뢰받는 것은 매우 기쁜 일이지만, 주는 것이야말로 큰 기쁨임을 강조하고 싶다.

이처럼 자신의 생명을 줌으로써 사람은 타인을 풍요롭게 만들고, 자신의 생명감을 높임으로써 타인의 생명감을 높인다. 받기 위해 주는 것이 아니다. 주는 것 자체가 더할 나위 없는 기쁨이다. 그러나 무엇인가를 줌으로써 반드시 타인의 내부에 무엇인가가 생겨나고, 그 생겨난 것이 자신에게 돌아온다. 진정한 의미에서 준다면 반드시 무엇인가를 받게 되는 것이다. 준다는 것은 타인도 주는 사람으로 만드는 행위이며, 서로가 상대의 내부에 싹트게 한 것으로부터 얻는 기쁨을 나누는 것이다.

고립되었을 때는 괴로운 나머지 타인에게 분노하거나 원망할 수 있다. 그것은 어쩔 수 없는 일이다. 그러나 그런 상황 속에 있기에 타인과 연대하는, 프롬의 말을 빌리면 타인에게 무엇인가를 줄 자유가 있음을 직시했으면 한다.

그리고 이것은 파트너를 만들 때만 유용한 발상이 아니다. 우리가 조직의 골짜기에 다리를 놓는 행위 자체에 공통으로 존재하며, 소중히 해야 할 발상이라고 말할 수 있다.

주는 것을 통해서 우리는 조직을 새롭게 생성하는 도전의 출발점에 설 수 있는 것이다.

다리가 놓인다는 것의
진정한 의미

나는 라쿠고(화자가 방석에 앉아서 부채나 손수건 등의 간단한 도구와 몸짓만을 사용해 재미있는 이야기를 1인극으로 연기하는 일본의 전통 기예 – 옮긴이)를 좋아하는데, 특히 '야부이리'라는 이야기를 좋아한다. 이것은 어린 나이에 일을 배우러 집을 떠난 아들이 오랜만에 귀향해 집에서 하루를 보내는 이야기다.

이야기는 아들이 온다는 사실에 흥분한 아버지가 잠을 이루지 못하는 장면으로 시작된다. 아버지는 "아들놈이 집에 오면 목욕탕에 가서 같이 목욕을 하고, 그런 다음에는 시나가와로 데려가서 바다를 보여주자. 그리고 시나가와까지 간 김에 가와사키의 헤이켄지 절에 데려가고, 기왕 가와사키까지 갔으니 요코하마로 데려가서 배를 보여주고, 에노시마도 보러가고, 가마쿠라도 가고, 미호의 마쓰바라에서 후지산을 보여주고, 나고야에 가서……. 사누키의 곤피라에서 참배하고……"라며 전국 일주를 할 기세로 계획을 세운다. 목욕탕에 데려가자는 계획으로 시작해 목적지가 서서히 먼 곳으로 확대되어 가는 상황이 참으로 재미있다.

대화를 실천하는 프로세스 하나하나는 한 걸음 한 걸음을 착실히 나아가는 작업이다. '야부이리'에 비유하면, 처음부터 다 건너뛰고 요코하마나 에노시마에 가면 되지 않느냐는 생각이 들지도 모른다. 그러나 시나가와에 가자고 생각하지 않았다면 가와사키에 가자는 생각은 들지 않으며, 가와사키에 가자고 생각하지 않았다면 요코하마에 가자는 생각은 들지 않는다.

바로 이것이 중요하다. 단번에 목적지에 갈 수 있다면 좋겠지만, 사람은 현재의 상황을 기준으로 사물을 생각하게 되어 있다. 그리고 현재의 상황을 기준으로 좋고 나쁨을 생각한다는 것은 만날 수 있는 것이 한정된다는 의미다.

하나의 다리가 놓이는 것은 단순히 약간 앞으로 나아갈 수 있게 된다는 의미가 아니다. 자신의 현재 상황을 스스로 바꿈으로써 시야에 들어오는 것이 변화해 다음에 어디를 향해야 할지가 보이게 된다는 의미다. 요컨대 조직의 내러티브의 골짜기에 꾸준히 다리를 놓아 나가다 보니 자신도 모르는 사이에 굉장히 먼 곳에 와 버리는 경우도 충분히 있을 수 있다. 반면에 그러고 있을 여유는 없다며 단번에 어딘가로 가려고 하면 내러티브의 골짜기에 떨어질 뿐 그렇게 멀리는 가지 못할지도 모른다.

이것은 조직뿐 아니라 우리 개개인의 성장에도 마찬가지로 적용된다. 처음 대화를 시도했을 때는 서툴고 어색할 수밖에 없다. 상대의 내러티브를 오독하거나, 개입의 타이밍을 놓치거나, 때로는 오히려 관계가 악화되는 것처럼 느껴지는 순간도 있을 것이다. 그러나 그 하나하나의 시행착오가 바로 다리를 놓는 과정 그 자체다. 실패했다고 느끼는 바로 그 지점에서 새로운 시야가 열리고, 다음에 놓아야 할 다리의 방향이 비로소 보이기 시작한다.

세상은 격렬하게 변화하지 않으며, 우리의 인식도 갑자기 변화하는 일은 없다. 우리 사회도, 인식도, 점진적으로 변화한다. 조급해하지 말고 착실히 다리를 놓으면서 서서히 먼 곳까지 가고자 노력하길 바란다.

그리고 언젠가 문득 뒤를 돌아보았을 때, 자신이 놓아 온 다리들이 하나의 길이 되어 있음을 발견하게 될 것이다. 그 길은 누군가에게 강요받아 만들어진 것이 아니라, 타자와의 대화를 통해 스스로 선택하고 만들어 온 것이다. 바로 그것이 '타자와 함께 일한다'는 것의 본질이다.

제7장

내러티브의 한계
너머에 있는 것

네가 아무것도 하지 않는다면,
세상은 하나도 변하지 않아. 단 하나도.

UNLESS
someone like you cares a whole awful lot,
nothing is going to get better. It's not.

_닥서 수스 《로랙스》(The Lorax)

지금까지 나는 이 책을 통해서 일관되게 "관찰하시오", 다시 말해 **"보이
지 않는 것을 보시오"**라고 말해 왔다. 그리고 타인과의 사이에 생기는
적응 과제의 배경에는 '우리는 보이지 않는 것이 무엇인지 모르는', '알
지 못하는 것이 무엇인지 알지 못하는' 문제가 있다고 이야기해 왔다.

　아무리 눈에 힘을 준들 우리에게는 내러티브 때문에 '보이지 않는
것'이 있다. 그런 만큼, 자신의 내러티브에서는 보이지 않는 것을 보려
고 하는 것은 새로운 관계성을 구축해 나가기 위해 근본적으로 중요한
자세다.

　또한 보이지 않는 것이 있다는 사실은 새로운 관계성을 구축해 우리
의 기업 사회를 더 나은 곳으로 만들어 나갈 희망이 숨어 있다는 뜻이

라고 생각할 수도 있을 것이다.

이 장에서는 왜 보이지 않는 것이 존재하는지, 어떻게 해야 그것을 볼 수 있을지에 관해 이야기하려 한다. 그리고 이 책과 밀접한 관계가 있는 '**내러티브 접근**'이라는 발상이 어떻게 그 문제와 연결되어 있는지에 관해서도 설명하겠다.

♦ **상대의 내러티브를
유심히 관찰하라**

이 책의 지적인 뼈대에는 내러티브 접근에 관한 다양한 연구가 자리하고 있다. 내러티브 접근이라고 하면 내러티브를 이용해 어떤 구체적인 '접근'을 한다는 이미지를 떠올리는 사람도 있을 터인데, 사실은 그렇지 않다.

내러티브 접근은 '**이야기**'로서의 내러티브에 주목해 대화적인 실천을 중심축에 둔 다양한 연구의 엄밀하지 않은 총칭이다. 본래 임상 심리와 간호, 의료 같은 영역에서 시작된 연구로, 주로 사회 구성주의라는 사상에 기반을 두면서 클라이언트와 테라피스트, 환자와 의료인처럼 처지가 다른 사람들이 대화를 하면서 더 나은 실천을 만들어 내기 위해 탄생한 사상이자 실천의 지적인 축적이기도 하다.

그럴 때 문제가 되는 것은 전문가는 자신의 내러티브에 입각해서 올바른 설명을 하지만 클라이언트나 환자가 그것에 위화감을 드러내는 상황이다. 기술이나 지식의 측면에서는 올바를 터인데 어째서인지 실패하는 문제가 발생하는 것이다. 이것은 전문성이라는 내러티브의 방해 탓에 자신의 내러티브 바깥쪽에 있는 클라이언트가 자신의 이야기를 어떻게 받아들이고 있는지 보지 못하는 데 원인이 있다.

완화치료 의사인 기시모토 노리후미는 저서《완화치료라는 이야기(緩和ケアという物語)》에서 이 문제를 극단적으로 보여주는 일화를 소개했다. 조금 길지만 그 부분을 인용하니 읽고 생각해 봤으면 한다.

다음은 폐암 환자에게 암의 통증을 억제하기 위해 마약성 진통제를 사용하고 있을 때 환자가 간호사에게 이야기한 내용이다.

"도대체 어떻게 해야 할지 모르겠네요. 약의 양을 늘려도 아픈 게 나아지지를 않는데, 약만 점점 늘어나요. 진통제를 맞으면 괴롭고 어지럽고 구역질도 나요. 의사 선생님이나 약사 선생님이 "통증은 어떠신가요?"라고 물어보시면 아프니까 "아파요."라고 대답해요. 그러면 또 약이 늘어나요.

의사 선생님이 "아직 통증이 억제가 안 되고 있으니 약을 늘려 봅시다."라고 말씀하시면 저도 그런가 싶어서 "알겠습니다."라고 동의하는 건 맞아요. 그런데 약을 늘려도 아픈 건 전혀 달라지지 않기 때문에 "알겠습니다."라고 말은 하면서도 마음속에서는 어딘가 약을 늘리지 않았으면 좋겠다고 생각해요. 하지만 아픈 건 분명하니 아프지 않다고 말할 수도 없어요. 저는 사실 약을 늘리지 않았으면 좋겠는데 그걸 말할 수 없다는 게 정신적으로 너무 힘드네요."

환자는 이렇게 말했다. 그러나 의사의 관점에서 봤을 때, 적정한 양의 진통제를 사용하면 암의 통증을 조절할 수 있다는 것은 과학적인 근거가 있는 분명한 사실이다. 당연히 환자에게 "통증을 억제하려면 적정한 양의 진통제를 사용해서……."라고 과학적으로 올바른 지식에 근거해 설명하려 한다.

그러나 기시모토는 그것이 '올바른 설명이라는 폭력'이라고 지적했다. 의사의 내러티브에서는 올바른 설명이지만, 환자가 살고 있는 세계의 내러티브와 의사의 내러티브는 다르기 때문이다. 다시 말해 의사에게는 올바르게 보여도 환자에게는 위화감이 느껴질 수 있는 것이다. 기시모토는 의사의 관점에서만 바라보며 '환자가 잘못 이해하고 있다.'고 생각하는 것은 환자의 내러티브를 무의미한 것으로 전제하는 폭력이라고 말했다.

그렇다면 왜 그런 '올바른 설명이라는 폭력'이 발생하는 것일까? 기시모토는 이렇게 말했다.

듣는 이(인용자 주: 의사를 가리킨다)의 기반에 '암의 통증은 없애야 한다.'라는 내러티브가 있고 자신이 그 영향을 강하게 받고 있음을 자각하지 못한다면 "약을 줄이고 싶습니다."라는 환자의 호소는 도저히 받아들일 수 없는 요구로 느껴질 것이다. 그리고 의학적 견지에서는 말도 안 되는 소리라며 무시하게 될 수 있다.

의사의 내러티브와 환자의 내러티브는 다르다. 그리고 이 때문에 인식의 엇갈림이 발생한다. 바로 이것이 앞에서 환자가 이야기한 내용이다. 그러나 의사의 내러티브에서만 바라보면 환자가 무슨 말을 하고 싶은 것인지 이해하지 못한다. 게다가 의사의 내러티브는 과학적인 근거에 입각한 것이기에 매우 견고하다. 그에 비해 환자의 이야기는 아무런 과학적 근거도 없기에 말할 수 없이 연약하다.

다만 그렇기에 더더욱 의사는 일단 자신의 의학적인 내러티브를 옆으로 치워 놓고 설령 그것이 과학적으로는 이해하기 어려운 설명이라 하더라도 환자가 하고 싶은 말이 무엇인지 유심히 관찰해야 한다. 환자의 내러티브와 의사의 내러티브 사이의 골짜기에 다리를 놓는 것이야말로 좋은 의료를 실천하기 위한 길인 것이다.

내러티브 접근의 지향점은 상대를 자신의 내러티브로 바꾸는 것이 아니다. 자신이 자신의 내러티브 속에서만 세상을 바라보고 있었음을 깨닫고 자신을 바꿈으로써 상대와 자신 사이에 지금까지 없었던 관계성을 구축하는 것이다. 요컨대 골짜기에 직면했을 때 자신을 바꿈으로써 상대가 본인 인생의 주인공으로 살아가도록 지원하고 이를 통해 자신 또한 더 나은 실천을 할 수 있게 되는 것. 바로 이것이 내러티브 접근의 지향점이라고 말할 수 있다.

이미 눈치챈 사람도 있겠지만, 이것은 지금까지 한 이야기의 밑바탕에 깔린 생각이기도 하다. 조직의 멤버들이 저마다 자신의 내러티브 속에서 올바른 것을 주장한다면 결국 골짜기가 깊어질 뿐이다. 상대에게 상대의 내러티브를 버리도록 요구하는 것이 아니라 상대의 내러티브를 유심히 관찰한 다음 상대가 더 나은 실천을 할 수 있도록 지원하는 것이 무엇보다 중요하다.

그 상대의 더 나은 실천 속에 이쪽의 생각이나 제안의 상대적인 위치를 얻음으로써 내 생각이 옳으냐 네 생각이 옳으냐는 대립 관계가 아니라 자신도 타인도 모두 살 수 있는 관계를 구축해 나가는 것이다.

◆ 자신을 돕는다는 것

그리고 또 한 가지 중요한 점이 있다. **대화의 실천은 자신을 돕는 길이 된다**는 것이다.

제2장에서 나는 '상사가 자신이 틀렸음을 깨닫게 하고 싶다.'라는 이유로 MBA를 취득하러 온 사회인 학생의 이야기를 했다. 우리의 기업 사회는 지금 우리 자신이 직업 인생의 주인공으로 살기 어렵게 만들고 있다는 생각이 든다. 제5장에서 소개한 자신이 하는 일에서 삶을 보람을 느끼지 못한다는 조사 결과도 그렇고, 높은 자살률 또한 그 증거일지 모른다.

어떻게 해야 우리가 자신의 직업 인생의 주인공이 될 수 있을까? 무엇이 우리를 주인공 자리에서 멀어지게 만들고 있을까? 그것은 우리가 살고 있는 내러티브가 우리를 주인공이 아니게 만들고 있기 때문이다. 그렇다면 대체 어떤 내러티브일까?

조직론 연구와 관련해 유럽에서 1990년대에 논의되었던 주제 중 하나는 메타포와 조직이라는 것이었다. 가레스 모건이라는 영국의 조직론 연구자가 조직 이론의 메타포를 분석한 《조직의 이미지(Images of organization)》가 이에 관한 대표적인 책이다. 1990년대에 유럽의 베스트셀러였던 이 책에서 모건은 조직을 이야기할 때의 지배적인 메타포는 '기계', '유기체', '두뇌'라고 말했다.

이야기를 진행하기에 앞서, '메타포(은유)'란 무엇인가를 간단히 설명하겠다. 메타포는 우리의 이해를 만들어 내기 위한 말의 연결을 가리킨다. 가령 좌절을 경험했을 때 "인생에 걸려 넘어졌어."라고 말하는 사람이 있다. 이 사람은 인생을 사는 가운데 직면한 괴로운 경험을 '길' 혹은 '여행'에 은유해 이야기했다고 할 수 있다. '길'이기에 걸려 넘어질 때도 있는 것이다. 또한 좌절의 경험을 여행 중의 한 장면으로 인식했다.

복잡한 경험이나 사건을 표현할 때 친숙한 개념과 연결시키면 그 경험이나 사건을 상대가 이해 가능한 수준의 추상도로 낮출 수 있다. 이렇게 말을 연결시키는 작업을 메타포라고 한다.

모건의 이론에 입각하면 조직은 '기계'처럼 감정을 드러내지 않고 정확히 기능하는 것을 일종의 미덕으로 삼고 있거나 혹은 환경 적응을 통해서 생존을 꾀하는 '유기체'여서 내부와 외부가 명확히 분리되어 있다고 생각할 수 있으며, 의사 결정을 하는 '두뇌'와 그 결정을 '따르는 몸'이라는 이미지로 파악할 수 있다. 생각해 보면 분명히 우리가 조직을 이야기할 때 자신도 모르게 이 말들이 내재된 표현을 사용한다는 느낌이 든다. 그리고 이런 조직의 지배적인 메타포에 공통되는 부분은 **조직 속에서 일하는 우리 개개인은 조직을 구성하는 부분일 뿐 중심적인 존재가 아니라는 것**이라고 할 수 있다.

이 메타포는 우리의 직장 인생의 이야기를 형성하는 굉장히 강력한 장치로서 기능한다. 우리는 자신도 모르는 사이에 이런 메타포로 말을 주고받으며 자신을 주인공이 아니게 만들고 있는 것이다. 그러나 우리는 앞에서 이야기한 완화치료를 받는 환자처럼, 혹은 미스터 미닛의 사코 슌스케가 현장에서 느꼈듯이 구체적인 말로 표현할 수는 없지만 어떤 위화감을 어렴풋이 느끼고 있다. 이 위화감이야말로 우리가 새로운 내러티브를 만들 수 있게 하는 출발점이라고 할 수 있다. 왜냐하면 그 위화감은 기존에 있던 우리의 틀, 다시 말해 우리가 살고 있는 내러티브의 바깥쪽에 무엇인가가 있음을 의미하기 때문이다. 그리고 그 사실과 마주하는 것이 우리가 느끼는 위화감을 초월한 새로운 내러티브를 구축하기 위한 실마리가 된다.

내러티브 테라피의 임상 심리사인 톰 안데르센은 이 위화감을 중요하게 생각함으로써 독자적인 테라피를 만들어 냈다. 당시의 임상 심리 현장에서는 가족을 시스템으로 간주하고 이 시스템의 문제에 개입하는 가족 요법이라는 방법이 활발히 사용되었다. 가족 요법에서는 진문

가인 테라피스트가 문제 있는 가족에게 개입하는 것을 당연시했다. 그러나 안데르센은 이처럼 '올바른 전문가'가 '문제 있는 가족'에게 개입한다는 관계성에 위화감을 느꼈다.

가족 요법의 기존 전문가가 문제를 끌어안고 있는 클라이언트에게 개입한다는 모델에 위화감을 느낀 그는 먼저 평소와는 조금 다른 실천을 시도해 봤다. 그때의 상황을 그는 이렇게 말했다.

우리는 그 당시 모두가 하고 있었던 가족 요법을 실시했다.

우리는 굉장히 적극적이며 마치 가족과 전쟁을 하는 것처럼 느껴지게 하는 '개입'이라는 말조차 사용하고 있었다. 우리는 상대가 핀란드에서 태어났든, 노르웨이에서 태어났든, 혹은 미국이나 오스트레일리아에서 태어났든, 거의 모두에게 두 가지 주된 질문을 했다. 문제를 내포한 상황에 직면하면 대부분의 경우 그 두 가지 질문을 하게 되었다. 첫 번째 질문은 '이것은 무엇인가?'이고, 두 번째 질문은 '어떻게 해야 좋은가? 어떻게 해야 문제없이 해결할 수 있을까?'였다. 실제로 사람들은 대부분 전자보다 후자의 질문에 흥미를 보였고, 그것은 새로운 분기를 만들어 냈다. 나는 '이것은 무엇인가?'라는 질문보다 '어떻게 해야 좋을까?'라는 질문을 우선하기로 했다. (중략)

가족 또한 '이것은 무엇인가?' 혹은 '어떻게 해야 좋은가?'라고 자문한 뒤 자신의 질문에 대답하고 있었다. 우리는 만약 그들의 대답이 문제에서 벗어나는 데 도움이 되지 않는 것이라면 그 대답은 문제의 해결을 어렵게 만든다고 생각했다. 그래서 그들에게 기존과는 다른 발상으로 무엇인가 다른 행동을 하도록 요구했다. 개입자로서 우리는 이렇게 말했다.

"저희는 당신이 생각해 온 것들 대신 이렇게 생각하고, 당신이 해 온 것 대신 이렇게 해야 한다고 생각합니다."

우리는 '대신'이라는 짧은 말로 그들의 뺨을 때렸다. 뺨을 맞는 것은 매우 불쾌한 일이다. 누군가에게 뺨을 때리는 것 또한 굉장히 불쾌한 일이다. 가족은 우리가 한 말에 이의를 제기했다.

그들은 말했다.

"당신들은 이해를 못 하고 있어요."

"아닙니다. 저희는 충분히 이해하고 있습니다."

"당신들은 우리를 잘 몰라요."

"아닙니다. 저희는 당신들을 잘 알고 있습니다."

우리는 가족과 끊임없이 싸웠다. 그곳에 있으면 굉장히 마음이 불편했다. 그러던 1984년 가을의 어느 날, 우리는 갑자기 그들에게 상당히 다른 식으로 이야기하기 시작했다. '대신'이라는 말을 쓰지 않고, '더해서'라는 말로 치환했다.

우리는 말했다.

"당신들이 생각한 것에 더해서, 저희는 이런 식으로 생각했습니다!"

"당신들이 해 온 것에 더해서, 이렇게 하는 것을 생각해 보시면 어떻겠습니까?"

그러자 가족과의 다툼은 사라졌고, 그들과 같은 방에 있는 것이 굉장히 편하게 느껴지기 시작했다. 우리가 '대신'이라는 말을 '더해서'라는 말로 바꾼 순간 일어난 일은 이데올로기적이자 철학적인 대변화였다. 우리는 '이것 아니면 저것'에서 '이것과 저것 모두'로 발상을 전환했다. 우리 자신의 새로운 존재 방식과 사고방식을 만들어 내기 시작한 것이다.

조금 해설을 덧붙이면, '올바른 테라피스트'가 가족이 매일 문제를 끌어안은 상황에서 하고 있는 행동 '대신', '이런 올바른 행동을 하면 어떻겠습니까?'라고 제안했다는 것이 앞부분의 상황이다. 그러나 가족은 그 말에 반발했다.

안데르센을 비롯한 테라피스트들의 제안은 분명히 가족 요법이라는 틀에서는 옳을지 모르지만, 가족이라는 틀에서는 조연인 테라피스트가 주연인 가족에게 자신들이 말하는 옳은 행동에 맞추라고 지시한 듯한 느낌을 받았기 때문일 것이다. 요컨대 카운슬러라는 주인공에게 '도구로서의 너'로 규정된 것에 대한 당사자인 가족 측의 반발이었다고 할 수 있다. 그리고 안데르센을 비롯한 테라피스트들도 클라이언트를 자신들의 카운슬링을 실천하기 위한 도구로 규정하는 것에 대한 위화감을 품고 있었다.

여기에서 주목해야 할 점은 누구도 악의가 있어서 그렇게 한 것이 아니며, 안데르센을 비롯한 테라피스트들조차도 '어떻게든 돕고 싶다.'라는 마음에서 "당신들이 이렇게 하는 대신 이렇게 하면 어떻겠습니까?"라고 제안했다는 사실이다. 다만 그 관계성에 문제가 있었던 것이다.

이 '대신'이라는 말을 사용한 것을 안데르센은 '뺨 때리기'라고 표현했다. 그리고 그 위화감을 느끼고 있었던 와중에 문득 '더해서'라는 말을 깨달았다. 뺨 때리기는 맞은 쪽이 불만을 말할 뿐만 아니라 때린 쪽에도 불쾌한 기분이 남는다.

이것이 왜 '이데올로기적이고 철학적인 대변화'였을까? 그 이유는 치료 현장에서 자신들도 모르는 사이에 구축되었던 올바른 테라피스트, 문제 있는 클라이언트라는 내러티브를 크게 전환시키는 것이었기 때문이다. 클라이언트에게는 클라이언트가 살고 있는 내러티브 속에서의 올바름이 있다. 그 사실을 받아들이고 테라피의 현장을 함께 만들어 나가는 존재가 되기 위한 대화적인 관계로 크게 전환하는 위대한 첫걸음이었던 것이다.

그리고 이것은 기업도 마찬가지일 것이다. 그 뺨 때리기의 불쾌함을 '경영진이니까, 본사니까, 상사니까, 부하니까 옳은 행동이야.'라고 정당화할 수는 있다. 그런데 그 위화감은 어디에서 생긴 것일까? 그것은 뺨 때리기를 한 쪽 또한 자신이 옳다고 교육받아 온 행동 방식, 존재 방식, 다시 말해 각각의 전문성의 내러티브 속에서 주인공이 아니게 되었음을 깨달음으로써 생겨난 것이다.

이것은 권한이 있는 사람도 마찬가지다. 사코는 '경영진의 전문성'

이라는 세상의 지배적인 내러티브 속에서 자신의 언동을 정당화해 왔던 것에 위화감을 느꼈는데, 그 이유는 그것이 자신이 구성하고 있었던 내러티브가 아니기 때문이었다. 그 위화감을 못 본 척할 수도 있겠지만, 그 불쾌함은 우리를 소모시킨다. 우리는 그 위화감, 불쾌함을 외면함으로써 우리 자신을 괴롭히고 있다. **그 위화감이나 불쾌함, 불편함은 지금 자신의 내러티브에 무엇인가 한계가 있음을 알리는 것이며, 그 한계를 나타내는 것이 타인의 언동이기도 하다.** 기시모토에게는 그것이 환자의 이야기였고, 안데르센에게는 클라이언트의 반응이었다.

이런 환자와의 대화를 실천해 나가는 것은 이 책의 주제인 조직의 내러티브의 골짜기에 다리를 놓는다는 과제를 해결하는 데 매우 중요한 동시에 그 대화를 실천하려 하는 자신에게도 큰 의미를 지닌다. 타인을 도구로 여기지 않고 대체가 불가능한 둘도 없는 존재로 재인식하는 것은 당신 자신 또한 둘도 없는 존재로서 생명을 부여하는 일이기도 하다. 자신의 위화감을 소중히 여기는 것은 타인을 도울 뿐만 아니라 당신 자신을 돕는 일이기도 한 것이다.

우리는 서로를 이해하지 못해 괴로워하고, 타인에게 보여줄 수 없는 고통과 그것을 이야기하지 못하는 외로움을 끌어안으며 지금의 기업 사회에서 살고 있다. 다만 그렇기에 우리는 그 사실과 마주하고 새로운 신뢰 관계, 인연, 그리고 '연대'를 쌓아 나가기 위한 출발점에 서 있다. 연대란 불쾌한 말을 하거나 자신에게 불리한 행동을 하는 이해할 수 없는 상대라고 생각했던 사람도 만약에 자신이 그 타인이었다면 똑

같이 행동하거나 느꼈을 가능성이 있음을 받아들이는 것이다. 요컨대 자신과 타인 사이에서 연결을 찾아내는 것이 연대라고 말할 수 있다.

옛 일본의 숨 막히는 연대는 이제 과거의 유물이 되었다. 앞으로 우리가 만들어야 할 것은 서로를 소중히 여기고 함께 괴로움에 맞서는 새로운 연대다. 이를 위해 우리가 할 수 있는 일은 무엇일까? 그것은 우리가 자신의 고통이나 괴로움, 위화감을 외면하지 않고 그런 아픔과 마주함으로써 타인의 고통이나 괴로움과 연대하기 위한 한 발을 확고히 내딛는 것이다.

아버지에 관하여,
혹은 우리에 관하여

1월의 어느 날 밤, 나와 어머니는 아버지의 담당의에게 연락을 받고 설명을 듣기 위해 병원의 대기실에 앉아 기다리고 있었다. 담당의는 기묘한 표정으로 엑스선 사진 두 장을 우리에게 보여줬다. 아버지의 폐를 찍은 사진이었는데, 그 사진에는 전이된 암세포가 뚜렷하게 찍혀 있었다.

"얼마 전에 엑스선 촬영을 했을 때 노파심에서 폐도 촬영했는데, 여기하고 여기에서 전이가 확인되었습니다."

"그렇군요."

"남은 시간은 아마도 1개월 정도일 겁니다. 3개월은 넘기기 어려울 것으로 생각됩니다. 폐에서 암세포가 커지면 호흡이 어려워져서 괴로울 것으로 예상됩니다. 최대한 고통을 완화할 수 있도록 최선을 다하겠습니다."

"…… 네, 잘 부탁드립니다."

나는 아무런 생각도 할 수 없었다.

왜 아버지의 용태가 이렇게 급변했는지에 관해 논리적인 설명은 가능할 것이다. 수십 년 전에 수혈받았을 때 감염된 것으로 생각되는 바이러스성 간염이 악화되어 간암이 발생했고, 그것이 전이되어 죽음에 이르는 것이 확실해졌다는 설명이다. 그 설명은 분명히 이해할 수 있었다. 그러나 아직 나의 내부에 그 현실이 자리 잡을 공간을 마련할 수가 없었다. 다만 그런 나의 상황과는 상관없이 아버지의 죽음이 현실로서 다가오고 있는 것 또한 사실이었다.

제2차세계대전 이전에 태어난 아버지는 어릴 적부터 집안의 큰아들로서 큰 기대를 받으며 성장했다. 그런 아버지는 평소에 내게 제2차세계대전 당시 공습을 피해 집단으로 대피했던 이야기, 낮에는 일하고 야간 대학에 다녔던 이야기, 대학에 다니던 도중에 폐결핵에 걸려 쓰러진 이야기 등을 해 주시면서 "네게 전부 이야기하지 못할 만큼 많은 고생을 했단다."라고 말씀하셨다. 그 이야기를 들으며 자란 나는 아버지에게 존경과 두려움의 마음을 품으며 살아왔는데, 그 아버지의 죽음이 다가오고 있었다.

아버지의 죽음은 단순히 사랑하는 가족의 죽음이라는 의미에 머무는 것이 아니었다. 아버지는 작은 회사의 경영자였는데, 버블기에 대형 은행의 부추김에 넘어가서 주식 투자를 했다가 막대한 채무를 끌어안게 되었다. 우리 가족은 그 '버블기의 유산'을 처리를 해야 하는 힘든 상황이었는데, 여기에 엎친 데 덮친 격으로 아버지의 죽음이라는 새로운 태풍이 다가오고 있었던 것이다.

우리 가족이라는 작은 배는 아버지라는 항해사를 잃고 이대로 물고기 밥이 되어 버릴 것인가? 아버지라는 우러러보는 존재를 잃은 나는 대체 어떻게 살아가야 할까?

그러나 나는 포기한다든가 현실을 내팽개칠 수 없었다. 현실적으로 불가능한 일이었고, 정신적으로도 그것은 있을 수 없는 선택이었다. 이 현실로부터 도망칠 수는 없는 것이다. 내가 도망쳐 버리면 가족 모두가 뿔뿔이 흩어지거나 죽을 수밖에 없었기 때문이다.

호들갑처럼 들릴지도 모르지만, 이것은 분명한 현실이었다. 중소 영세기업의 경영자는 자신이 사는 집을 저당 잡아서 돈을 빌린 경우가 많다. 그래서 집을 잃고 뿔뿔이 흩어진 가족이 많다는 이야기를 아버지에게 들어 왔다. 아버지가 살아 계실 때, 해당 은행이 주최하는 파티에서 찍은 단체 사진을 보며 아버지와 이야기를 나눈 적이 있다. 아버지와 같은 상황에 놓인 사람들의 사진으로, 아직 앞날에 무엇이 기다리고 있을지 알지 못하는 사람들의 행복해 보이는 얼굴이 찍혀 있었다. 그 후 사진에 찍힌 사람들 중 절반 가까이가 스스로 목숨을 끊었다는 이야기를 아버지에게 듣고 경악했던 기억이 난다.

아버지는 그런 위기를 회피하고자 당신이 죽기 수년 전부터 대책을 강구하기 시작하셨다. 나는 아버지에게 이끌려서 함께 변호사 사무실을 돌아다녔고, 그때마다 절망적인 이야기를 듣는 매우 괴로운 시간을 보냈다. 그러는 가운데 나의 정신은 점점 피폐해졌고, 스스로 목숨을 끊어서 편해지고 싶다고 생각한 적도 한두 번이 아니었다.

요컨대 아버지가 돌아가신다는 것은 우리 가족이 중심인물의 상실과 막대한 부채라는 거대한 문제와 전면적으로 마주해야 함을 의미했다. 그리고 세 남매의 맏이인 내가 그 선봉에 서는 것은 불가피한 일이었다.

3월 말, 아버지가 우리와 잠깐 동안 이별하는 날이 찾아왔다. 다행히 폐에 전이된 암이 커지지 않은 덕분에 편안히 눈을 감으실 수 있었다.

아버지가 돌아가시고 수개월이 지났을 때, 본격적인 싸움이 시작되었다. 매일 같이 수많은 이해관계자와 벼랑 끝에 선 채로 돈 이야기를 나눴다. 말로는 도저히 표현할 수 없을 만큼 괴롭고 힘든 나날이었다. 그런 상황 속에서 나는 아버지가 주식에 손대도록 부추긴 은행 사람들에게 '왜 그런 짓을 한 거지? 아버지는 병으로 돌아가셨지만, 스스로 목숨을 끊은 사람들은 당신들이 죽인 거야. 아버지도 이런 상황이 아니었다면 치료에 좀 더 많은 돈과 시간을 쓸 수 있었을 것이고, 그랬다면 살아계셨을지도 모르는데…….'라는 깊은 분노를 느꼈다.

또한 아버지에 대해서도 격렬한 분노가 싹터 갔다. '왜 당신은 가족들에게 이런 괴로움을 떠안기고 가신 겁니까? 당신이 꼬드김에 넘어가서 주식에 손을 대지만 않았어도 이런 고통을 맛보지는 않았을 텐데요.'라는 서운함이었다.

그 분노와 서운함은 나를 소모시켰다. 그리고 나의 내부 어딘가에서 위화감을 느끼고 있었다. 그 위화감의 정체가 무엇인지 나 자신에게 수없이 물어봤는데, 그러다 문득 이런 생각이 들었다. 내가 그 은행 사람들이었다면, 내가 아버지였다면 어떻게 했을까? 나도 그들처럼 행동할 가능성이 있지 않았을까?

은행 사람들도 결코 악인은 아니었을 터이다. 집으로 돌아가면 좋은 아버지였을지도 모르고, 선량한 인간으로서, 어쩌면 자신이 한 행동에 고통을 느끼고 있었을지도 모른다. 버블기를 묘사한 몇몇 소설에 그런 문제로 괴로워하는 은행원의 모습이 그려져 있었던 것도 내가 그런 생각을 해 볼 수 있도록 도왔다.

나도 같은 처지였다면 같은 행동을 했을 가능성을 완전히 부정할 수는 없다. 나도 그들도 한 명의 약한 인간이기 때문이다.

아버지도 마찬가지다.

아버지는 제2차세계대전 이전에 태어나 수많은 고생을 하면서 회사를 세웠고 사업을 영위해 오셨다. 은행의 부추김에 넘어가 주식 거래를 받아들인 데는 자신의 노력이 마침내 사람들로부터 평가받았다, 보답을 받았다는 마음도 있었으리라. 버블기 이전의 도시은행은 영세 기업 따윈 상대도 해 주지 않았는데 어느 날부터 도쿄 전역의 지점장들이 자신에게 고개를 숙이기 시작했다고 생각하면 나 또한 같은 결정을 내렸을지 모른다고 인정할 수밖에 없었다.

아버지도 결코 가족을 괴로움에 빠트리려고 주식 거래에 손을 대신 것은 아니다. 아버지는 한 명의 고독한 경영자였을 뿐이다.

미워해야 할 대상은 그들 자신이 아니었다. 그들을 그렇게 만든 상황, 그들이 조직 속에서 놓인 상황이나 휘말린 관계성이었다. 당시 은행에서 일하고 있었다면 틀림없이 무리를 해서라도 융자를 늘려야 하는 상황에 놓였을 것이다. 그런 상황 속에서 내 아버지나 다른 사람들은 인생을 크게 망쳤다. 그러나 그렇게 할 수밖에 없었던 것은 그들 한 명 한 명이 사악한 인간이었기 때문일까? 그렇지는 않지 않을까? 그들이 자신이 하고 있는 일의 의미를 상대의 관점에서는 생각하지 못하는 관계성 속에 있었기 때문이 아닐까? 그리고 인간은 형태가 다를 뿐 같은 잘못, 같은 약함으로부터 벗어날 수 없는 것이 아닐까?

나는 그렇다면 자신의 아픔에만 주목하고 있는 것은 공평하지 않다고 생각한다. 그들도 나도 관계성 속에서 사는 인간이다. 인간은 관계성에 파묻혀 아무것도 하지 못하게 되는 약한 존재다. 그 약함은 나의 내부에도 엄연히 존재한다.

그런 약함이 존재한다는 사실을 내게 고통을 준 것에 대한 책임이라는 이야기로 압살하며 못 본 척도 해 봤지만, 어딘가에 남는 위화감을 인정할 수밖에 없었다. 미워했던 그들과 내가 근본적으로 이어져 있는 존재임을 인정하지 않는 것은 참으로 비겁한 행동이 아니냐는 생각이 들었다. 그런 이유로 나는 그곳에서 연대를 찾아내야 한다고 생각했다. 연대란 내가 만약 상대였다면 똑같이 생각했거나 행동했을지도 모름을 인정하는 것이다. 나의 내부에서 상대를 발견하는 것이다. 나와 그들은 근본적으로 이어져 있는 존재인 것이다.

그래서 일방적이기는 하지만 그들과 화해하기로 했다. 화해란 이제 그것을 일절 원망하지 않는다, 이것으로 다 끝났다는 것이 아니다. 그들을 용서하고 받아들이는 길을 걸을 결심을 했다는 것이다.

내가 해야 할 일은 그들을 원망하는 것이 아니다. 그들을 소리 높여 규탄하는 것도 아니다. 우리는 적과 아군의 관계가 아니다. 우리 모두는 약한 존재다. 이 어리석고 약한 인간이라는 존재는, 하지만 그런 까닭에 더 나은 관계성을 만들 수 있으며 훌륭한 존재도 될 수 있는 약함

190

을 지닌, 희망으로 가득한 존재이기도 한 것이다.

우리 약한 인간이 그처럼 약하기에 좋은 인간으로서 살 수 있는 관계성을 어떻게 쌓아 나갈 수 있을까? 나는 아버지가 내게 그 임무를 맡기고 떠나셨다고 생각한다.

* * *

에필로그에 이런 개인적인 이야기를 적은 이유는 내가 그만큼 고생하며 살았다고 자랑하기 위함이 아니다. 인간은 모두가 형태는 다르지만 이런저런 삶의 고통을 안고 있으며, 나는 어쩌다 보니 알기 쉬운 형태로 그것을 경험했을 뿐이라고 생각한다. 다만 이 알기 쉬운 고생은 내가 이 시대를 살아가는 한 명의 경영학자로서 무엇을 해야 할지를 잘 가르쳐 준, 둘도 없이 소중한 경험이라고 느낀다.

나는 대화라는 말의 의미를 쇄신하고 싶은 마음에 이 책을 썼다. 좀 더 정확히 말하면, 대화를 '나와 너'의 관계성을 만들어 나가기 위한 실천이라는 본연의 의미로 되돌리고 싶다는 생각에서 이 책을 썼다. 그러나 이런 생각을 하기에 이른 것은 내가 과거의 쓰라린 경험에서 살아남기 위해 어떻게든 나 자신을 돕고자 애써 왔기 때문이 아닐까 싶다. 나는 대화의 도움으로 지금 이렇게 살고 있음을 깨달은 것이다. 이 사실을 깨닫기까지 아버지의 죽음으로부터 15년에 가까운 시간이 필요했다.

여기까지 읽어 준 독자 여러분에게 전하고 싶은 것은 세 가지다.

첫째는 초조해하지 말고 착실히 걸어 나갔으면 한다는 것이고, 둘째는 역경 속에서도 꺾이지 말고 상대와 혹은 자신과의 대화를 계속 시도해 나가길 바란다는 것이며, 셋째는 괴로움 속에 있는 사람에게 손을 내밀어 달라는 것이다.

현재 기업 사회는 IT화가 진행됨에 따라 다양한 성과를 만들어 내는 것에 대한 압박이 강해지고 있으며, 그 사이클도 점점 짧아지고 있다. 내가 일하고 있는 대학의 세계도 사실은 비슷한 상황이어서, 논문을 쓰거나 학회 보고를 하는 등 단기적인 성과를 내지 않으면 대학에서 일자리를 얻기가 어려워졌다.

아버지가 돌아가신 때는 박사 과정 1년차가 끝날 무렵이었다. 나는 대학원생이었던 기간 동안 아버지가 남긴 '버블기의 유산'을 처리하는 가운데 연구 성과도 내야 먹고 살 수 있는 상황 속에서 내 나름대로 필사적으로 발버둥쳤다. 그리고 다행히도 그런 연구를 평가해 주는 대학에서 공개 모집의 형태로 일자리를 얻을 수 있었다. 또한 그곳에서 연구를 진행한 결과 새로 응모한 대학에 채용되어 현재의 대학에서 일할 수 있게 되었다.

틀림없이 여러분도 직장에서 단기적인 성과를 요구받으며 살고 있을 터인데, 어쩌면 비슷한 측면이 있을지도 모른다. 나는 눈앞의 일을 처리해 나가는 것이 절대 잘못된 것이 아니라고 생각한다. 오히려 단기적인 성과를 확실히 낼 필요가 있다고 생각한다. 다만 그것만으로는 자신이 만족할 수 있는 일을 하는 결과로 이어지지 않는다. 자신이 자기 인생의 주인공으로서 일하려면 자신을 형성해 온 경험에 주목하는 것이 중요하다고 생각한다. 나도 아직 그 과정에 있지만, 내가 내러티브나 대화 같은 것에 매료된 이유는 역시 어떤 타이밍에 내게 맡겨진 임무에 어떻게든 부응하려고 노력해 왔기 때문인지도 모른다.

단기적으로 성과를 만들어 내는 것에서 도망칠 수는 없지만, 자신을 형성해 온 것들에서 자신의 장기적인 비전을 얻는 것은 매우 중요하다. 그리고 그것이 무엇인지는 단기적으로 노력하는 가운데 알게 되는 것인지도 모른다. 그러므로 명확한 비전이 보이지 않더라도 초조해하지 말고, 긍지를 갖고 열심히 노력해 나가길 바란다.

* * *

나는 어쩌면 내가 불러온 것이 아닌 역경이었던 덕분에 살아남을 수 있었는지 모른다는 생각도 한다. 아버지가 불러온 역경이었기에 적어도 자책은 할 필요가 없었던 것이다. 그러나 만약 나 자신의 실패로 어떤 힘든 상황에 놓이게 되었더라도, 혹은 조직의 불합리함에 직면했더라도 결코 자신을 내팽개치지는 말았으면 한다. 포기하지 않고 살아남으면 그것이 더 나은 사회를 만들어 나가는 첫걸음이 된다는 사실을 잊지 말길 바란다.

이것은 자신의 인생 속에서만 이룰 수 있는 것은 아닐지도 모른다. 그러나 그렇게 갈등을 끌어안으면서도 꺾이지 않고 살아가는 것은 틀림없이 다음 세대로 이어지는 재산이 되리라고 생각한다. 그러니 그 어떤 역경 속에 있더라도 포기하지 말고, 대화를 잊지 말고, 한 걸음 한 걸음 나아갔으면 한다.

마지막으로, 자신이 역경 속에 있지 않더라도 주변 사람이 그런 상황에 있다면 부디 손을 내밀어 주는 존재가 되어 줬으면 한다. 어떤 식으로 손을 내미느냐는 대화의 중요한 측면이기도 하다고 생각하기 때문이다. 나도 아버지가 돌아가신 뒤, 혹은 낯선 곳으로 이사해 고생할 때 사람들에게 따뜻한 말을 들었으며, 그 말을 버팀목으로 삼아서 지금 이렇게 열심히 살고 있다. 지금도 만약 그 버팀목이 없었다면 나는 지금쯤 어떻게 되었을까 하는 생각을 항상 한다.

다양한 연구가 보여주듯이, 우리는 응답하는 존재다. 어떤 식으로 손을 내밀어 주느냐 혹은 내밀어 주지 않느냐에 따라 타인은 다른 존재로 변해 간다. 그러니 부디 더 나은 사회와 조직을 만들어 나가기 위해 가능한 범위에서 타인을 도와주길 바란다.

우리는 약하고 잘못을 저지르며 살고 있다. 그렇기에 우리에게는 대화를 통해서 더 나은 미래를 개척할 수 있다는 희망이 있을 터이다. 나는 그렇게 믿는다.

· 감사의 말 ·

내게 첫 저서가 되는 이 책은 수많은 사람의 도움과 격려 덕분에 탄생할 수 있었다. 이 책에서 소개한 일화들은 멘토링과 조언, 강연 활동, 편지 등을 통해서 얻은 정보에 바탕을 둔 것이다. 단일 일화로 구성할 경우는 개인이나 기업이 특정되지 않도록 신중을 기했다. 그래서 소속과 관련된 정보라든가 상세한 내용 등은 본래의 것과 다른 형태로 기재한 경우가 있음을 유념해 주길 바란다.

대화나 내러티브가 관계성을 바꿔 나감으로써 우리 사회의 한계를 뛰어넘어 새로운 가능성의 지평이 있음을 깨닫게 해 준 계기는 홋카이도 우라카와 정에 있는 정신 장애 케어 커뮤니티인 '베테루의 집'의 사상을 접한 것이었다. 창립자인 홋카이도 의료 대학의 무카이야치 이쿠

요시 씨와 베테루의 집, 그리고 삿포로 나카마노모리 클리닉의 관계자들에게 진심으로 감사의 인사를 전한다. 그분들과 만난 덕분에 눈을 뜰 수 있었다.

또한 내러티브와 실천의 연결에 관한 연구를 소개한《관계성의 의료학(関係性の医療学)》등을 저술해 내게 많은 가르침을 주셨을 뿐만 아니라 실제로 여러 기회를 통해서 나를 지도해 주신 리쓰메이칸 대학의 사이토 세이지 교수님에게도 감사의 인사를 전한다.

쇼에이샤 Biz/Zine의 편집장인 구리하라 시게루 씨는 도쿄로 돌아온 지 얼마 안 되었던 내게 흥미를 느껴 미디어를 통해서 다양한 기회를 제공함으로써 나의 연구 활동에 지대한 공헌을 해 주셨다. 늘 감사한 마음이다.

또한 구리하라 씨를 소개해 주셨고 1년 이상에 걸쳐 연재를 함께 하면서 새로운 조직의 존재 방식에 관해서 생각해 온 다이아몬드미디어의 다케이 고조 씨와, 그런 고조 씨를 소개해 주신 마즈플래그의 다케이 신야 씨에게 감사를 전한다. 두 분 덕분에 사회의 갑갑함을 타파하는 창업가의 훌륭함을 알았으며, 또 다가올 기업 사회의 빛소리를 느낄 수 있었다.

주식회사 Sansan의 가키자키 마코토 씨, 아쓰미 히로유키 씨, 아쓰키 다이치 씨, 리쿠르트 매니지먼트 솔루션즈의 아라가네 야스시 씨, 야마시타 유카리 씨는 내게 강연이나 세미나 등 다양한 기회를 주셨다. 덕분에 많은 기업인과 만날 수 있었고, 그런 기회를 통해 나의 사색은 더욱 깊어졌고 단련되었다. 감사의 인사를 전한다.

닛신보 홀딩스의 이시자카 아키히로 씨는 내가 규슈에 있을 무렵부터 다양한 기업인을 만나게 해 주셨으며 정신적인 버팀목이 되어 주셨다. 진심으로 감사를 전한다.

Makuake의 기우치 후미아키 씨, SAP 재팬의 오가 다케시 씨, 후지쓰의 미야타 가즈오 씨, 오하리 미키 씨, LITALICO의 혼고 준 씨, 마넥스 벤처스의 나가이 유미 씨 외, 여기에 모든 분의 이름을 적을 수는 없지만 내가 사색을 깊게 할 수 있는 다양한 기회를 주시거나 이야기를 해 주신 기업인 여러분에게도 진심을 담아서 감사의 인사를 전한다.

나가사키 대학 경제학부, 세이난 학원대학 상학부, 사이타마 대학 경제학부·대학원 인문사회과학 연구과, 웨일스 대학 경영대학원 MBA 프로그램에서 함께 공부한 멤버들에게 감사를 전한다. 매일 그들과 토론을 거듭하는 가운데 배우고 변화할 수 있었다. 학문은 혼자서 하는 것이 아님을 내게 가르쳐 줬다.

센슈 대학의 마지마 다카시 씨, 니혼 대학의 구로사와 마사시 씨, 도쿄 대학의 히구치 아유미 씨는 함께 연구하는 동료로서 늘 내게 많은 도움을 줬다. 특히 내가 과열된 머리를 정리하기 위해 밤에 산책을 할 때 전화 상대가 되어 주었다. 늘 고마울 따름이다.

내게 경영학 연구에서의 실천과 내러티브의 의의를 가르쳐 주신 무로난 공업대학의 다카이 도시쓰구 교수님, 다양한 각도에서 나의 연구에 관해 토론해 주신 와세다 대학의 기무라 다쓰야 교수님, 칼 E. 와이

크의 이론에서 동태적인 조직의 인식론을 전수해 주신 호세이 대학의 엔타 유시 교수님, 3년의 박사 과정 동안 스탠더드도 오소독스도 되지 못하는 내게 연구 지도를 해 주신 메이지 대학의 다카하시 마사야스 교수님, 석사 과정을 지도해 주신 릿쿄 대학의 스즈키 슈이치 교수님에게 감사를 전한다. 교수님들의 지도가 없었다면 지금의 연구 활동은 없었을 것이다.

NewPicks에서 편집을 담당해 주신 나카지마 요이치 씨, 그리고 NewPicks 퍼블리싱의 편집장인 이노우에 신페이 씨. 나카지마 씨가 편집자로서 헌신적으로 노력해 주시지 않았다면 나의 난해해지기 쉬운 문장은 독자에게 전해지지 못했으리라 생각한다. 그리고 이노우에 씨는 이 책을 NewPicks의 창간 서적으로서 출간한다는 결단을 해 주셨다. 두 분에게 진심으로 감사를 전한다.

그리고 매일 바쁜 나날을 보내는 가운데 나의 생활을 지탱해 주고 있는 아내와 딸에게 말로는 다 표현할 수 없는 진심 어린 고마움을 전한다.

마지막으로, 이 책을 돌아가신 아버지에게 바친다.

우다가와 모토카즈

옮긴이 **김정환**

건국대학교 토목공학과를 졸업하고 일본외국어전문학교 일한통번역과를 수료했다. 21세기가 시작되던 해에 우연히 서점에서 발견한 책 한 권에 흥미를 느끼고 번역의 세계를 발을 들여, 현재 번역 에이전시 엔터스코리아 출판기획 및 일본어 전문 번역가로 활동하고 있다.

경력이 쌓일수록 번역의 오묘함과 어려움을 느끼면서 항상 다음 책에서는 더 나은 번역, 자신에게 부끄럽지 않은 번역을 할 수 있도록 노력 중이다. 공대 출신의 번역가로서 공대의 특징인 논리성을 살리면서 번역에 필요한 문과의 감성을 접목하는 것이 목표다. 옮긴 책으로 《경영 전략의 역사》, 《MBA 마케팅 필독서 45》 등이 있다.

타인과 일을 한다는 것

초판 1쇄 발행 2026년 3월 20일

지은이 우다가와 모토카즈
옮긴이 김정환
펴낸곳 (주)센시오

책임 편집 정아영
디자인 Design IF
경영지원 임효순
펴낸이 정덕식, 김재현

출판등록 2009년 10월 14일 제300-2009-126호
주소 고양시 덕양구 향동로 217, A동 1207호(향동동, DMC플렉스데시앙)
전화 02-734-0981
팩스 02-333-0081
메일 sensio@sensiobook.com

ISBN 979-11-6657-224-1 (03320)

소중한 원고를 기다립니다. sensio@sensiobook.com